Rose Marie Donhauser

Kochen mit Zitronen & Limetten

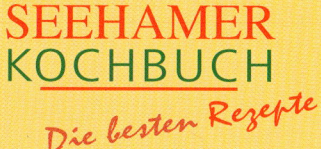

SEEHAMER
KOCHBUCH
Die besten Rezepte

Inhalt

**Kennst du das Land,
wo die Zitronen blühn...?**   8/9

Drinks & Cocktails   14/15
Pisco Sour   16
Sorbet im Tee   16
Hot Toddy   17
Hot Bull Shot   17
Mojito   18
Kalte Ente   20
Heißer Grog mit Zitrone   21
Heiße Zitronenlimonade   22
Eiskalte Zitronenlimonade   22
Caipirinha   24
Zitronenflip   24
Erkältungs-Löffelkur   25
Zitronenkur   25

Saucen, Dips und
Eingemachtes   26/27
Limetten-Chutney   28
Salz-Zitronen   28
Zwiebel-Limetten-Sauce   29
Eingelegte Oliven-Zitronen   30
Hummus   32
Auberginencreme   33
Limettengelee mit Zitronengras und Ingwer   34
Chilisauce mit Koriander   36
Kalte Tomatensauce   37
Würzige Bananensauce   37
Kokos-Koriander-Dip   39

Vorspeisen, Salate und Gemüse 40/41

Zitroniges Eis-Gurkensüppchen 42
Vitamin-C-Salat mit Knoblauchcroûtons 43
Spaghetti mit Limone, Rucola und Parmesan 44
Schnitzelstreifen mit Zitronen 46
Lachstatar mit Curry-Limetten-Sahne 47
Tabbouleh 48
Lauwarmer Spinatsalat mit Joghurt und Krabben 50
Limetten-Reissalat mit Mango 51
Seeteufel mit Grapefruit-Limetten-Vinaigrette 52
Vitello tonnato 54
Entrecôte auf karamellisierten Frühlingszwiebeln 55

Kulinarische Klassiker aus aller Welt 56/57

Huhn in Kokosmilch 58
Saftige Fisch-Schaschliks 59
Mediterrane Grillspieße 59
Lammkoteletts mit Limettensauce 60
Himmlisches Huhn 62
Brasilianisches Roastbeef mit Chili-Zitrus-Mayonnaise 63
Geschmorte Poularden mit eingelegten Zitronen 64
Kalbsschnitzel mit Zitronenmelisse 68
Zitronen-Medaillons vom Schwein 67
Riesengarnelen mit Zitronen-Limetten-Sauce 69

Zum Dessert süßsaure Sinnlichkeit 70/71

Crostata di limone 72
Limettencreme mit Erdbeeren 73
Zitronella-Soufflé 74
Blechkuchen mit Zitrusguss 76
Kühlschranktorte aus Löffelbiskuits 77
Zitronengugelhupf 78
Limetten-Panna cotta 80
Maultaschen mit Limettenfüllung 81
Quarkkuchen mit Zitronensahne 82
Pfannkuchenrollen mit Früchtequark 84
Gratinierte Himbeeren mit Prosecco 85
Zitronengranita mit Prosecco 86
Tequila-Limetten-Creme mit Limoncino 88
Warmer Obstsalat mit Zitronensorbet & Zimtsahne 89

Register 90/91

„Kennst du das Land, wo die Zitronen blühn...?"

Als Goethe diesen berühmten Anfangssatz seines „Mignon"-Gedichts verfasste, kannte er das Land seiner Sehnsüchte noch nicht...

Erst einige Jahre später begab er sich auf seine Italienreise, die ihn beschwerlich per Postkutsche für über 18 Monate durch den Süden führte. In seinen Tagebüchern schwärmte er immer wieder von der Üppigkeit des Angebots auf den Märkten, darunter „Zitronen aller Sorten", begeisterte sich an den „Zitronenhecken" auf Sizilien und pries die ihm noch unbekannte und uns so wohlvertraute mediterrane Küche. Der Gedichtvers hat bis heute nichts von seiner Faszination verloren: Er vermittelt nicht nur die magische Sehnsucht nach dem Süden, sondern auch den imaginär empfundenen Duft der Zitronen, der sich in wohltuender Frische entfaltet.

Herkunft und Anbau

Als Urmutter aller Zitrusfrüchte, vornehmlich unserer Sauren Zitrone, (lat. *Citrus limonum*) gilt die dickschalige Zedrat-Zitrone, bei der nicht das Fruchtfleisch die Hauptsache ist, sondern die Schale, die für die Herstellung von Zitronat Verwendung findet. Diese in Ostindien heimische Art (schon vor 2500 Jahren in China bekannt) kam zur Zeit der ersten römischen Kaiser nach Italien.

Die uns geläufige Zitrone gelangte vor etwa 1000 Jahren nach Ägypten und Palästina, von wo sie Kreuzfahrer, Handelsleute der italienischen Seestädte oder die Araber nach Europa brachten, und im Laufe der Jahrhunderte rund um das Mittelmeer ihr festes Anbaugebiet fand. Heutzutage wird sie auch in Amerika angebaut. Größte Zitronenproduzenten sind der Rangfolge nach: Italien, USA, Spanien, Mexiko, Indien, Argentinien, Türkei, Griechenland, Brasilien, Ägypten, China, Peru, Chile und Südafrika. Italien ist der Hauptlieferant, unser Bedarf wird mit über 80 Prozent von dort gedeckt.

Ganzjähriges Angebot

Der verbreitetste Zitronenbaum in Italien ist der Feminello-Zitronenbaum, er liefert zwischen September und Mai aus seiner ersten Blüte die grauen Primofiori und gelben Limoni. Von Juni bis September trägt dieser Baum die zweite Blüte mit den Verdelli-Zitronen. Zitronenbäume sind erstaunlich, denn die rosa behauchten Blüten finden sich das ganze Jahr über zusammen mit reifen und unreifen Früchten an einem Baum. Daher ist eine ganzjährige Ernte möglich. Gehandelt und verkauft werden die Früchte nach Größe und Kategorie (Güteklasse). In Deutschland wird nur erstklassige Ware importiert, wobei hier laut Gesetz explizit ausgewiesen werden muss, ob die Früchte chemisch behandelt worden sind. Die bekannteste verwendete Chemikalie ist TBZ (Thiabendazol). Grundsätzlich sollten Sie unbehandelte Zitronen kaufen, denn auch wenn man die Schale nicht immer verwendet, hat man doch schnell durch die oftmalige Berührung der Frucht die Chemikalie an den Händen. Aber auch ungespritzte Zitronen stets unter fließend heißem Wasser waschen, eventuell leicht abbürsten und mit Küchenpapier trockenreiben!

Verwandtschaft und kleine Schwestern

Zitruspflanzen gehören zur Gattung der Rautengewächse und sind mit über 60 Sorten, durch innovative Kreuzungen ansteigend, in tropischen und subtropischen Ländern beheimatet. Botanisch gesehen sind die Früchte der Zitruspflanzen Beerenfrüchte und gehen aus mindestens fünf miteinander verwachsenen Fruchtblättern hervor. Speziell bei uns sind Zitrusfrüchte in den kalten Monaten wichtige Vitamin-C-Lieferanten und eine Bereicherung für den eher kargen Obsttisch im Winter. Die beliebtesten Zitrusfrüchte sind: Orange, Mandarine und Tangerine, Satsuma, Clementine, Grapefruit (Pampelmuse), Limette und Kumquat. Erfolgreiche Kreuzungen wie z.B. zwischen Pampelmuse und Mandarine zur Ugli oder aus Tangerine und Grapefruit zur Tangelo haben die Zitruspalette erweitert.

Die Saure Limette erobert neue Küchen

Es war zweifellos der Caipirinha, jener südamerikanische Cocktailtraum aus frisch gequetschten Limetten, braunem Zucker, Zuckerrohrschnaps und viel Crushed Ice (Rezept Seite 24), der als Botschafter diente und die Limette selbst in den entlegensten Landstrichen als Grund-Ingredienz bekannt werden ließ. Aber auch unsere unübertroffene Neigung, in jeden Winkel der Erde zu reisen, bereicherte unser Handgepäck mit frisch gepflückten Limetten z.B. aus Thailand, die wir unbedingt für ein Curry brauchen. Glauben Sie mir, es muss wirklich die Limette sein, denn ein Caipirinha mit Zitrone wäre wie ein Wiener Schnitzel mit Limette, und ein Thai-Curry ohne den aromatisierenden Geschmack der grünen Früchtchen wäre wie ein Lachsschnitzel ohne Zitronenduft!

Mittlerweile gibt es die kleinen grünen oder grüngelblichen, dünnschaligen Früchte fast in jedem Supermarkt. Weite Transportwege aus Asien und Südamerika sind kein Problem mehr, der Preis ist nicht viel höher als für eine Zitrone.

Die Saure Limette, (Limonelle, lat. *Citrus aurantiifolia*) ist nicht zu verwechseln mit einer anderen Zitronenschwester, der Lime. Diese Frucht ist äußerst sauer und wird vornehmlich als Sirup in Bars verwendet.

Saure Zitrone und Saure Limette – ein Vergleich

Zitronen oder zumindest Zitronensaft hat jeder im Haushalt. Für Deutschland ist laut Statistik ein Pro-Kopf-Verbrauch von nahezu 2 kg Zitronen im Jahr angegeben. Ob man den vitaminreichen säuerlichen Saft zum Abschmecken von Saucen, zum Marinieren von Fisch, als Basis von Salatsaucen, zur Aromabereicherung von Kuchen, Cremes oder feinen Ragouts verwendet, der Schuss oder der „Dash", der Spritzer Zitrone ist einfach das i-Tüpfelchen. Gerhart Polt bekannte mir einmal vor Jahren in einem Interview: „Mit a bisserl Zitronensaft hab ich noch jede Gulaschsuppe auf Trab gebracht." Polt brachte es hier auf den Punkt: Wie fade wäre das (Koch)Leben ohne Zitrone!

Die Limette ist in Europa bislang eher in den Cocktailbars anzutreffen, bahnt sich jedoch auch langsam und stetig ihren Weg an den Herd. Genauso wie die Globalisierung in den Töpfen zunimmt und die Liebe zu exotischen Gerichten – erwachsen aus dem Hang, über den eigenen Tellerrand zu schielen – pirscht sich die Limette immer näher an die Zitrone heran. Zwei saure Früchtchen, die durchaus im Duo auftreten können.

Sprachverwirrung herrscht bei den sauren Früchtchen erst, seit die Limette bei uns populär wurde. Der Grund dafür: Im Italienischen heißt die Zitrone *limone*. Dieser Ausdruck wird häufig für die Limette verwendet. Steht in einem Rezept „Saft von einer Limone", und ist das Rezept exotisch, würde ich immer auf Limette tippen. Handelt es sich um ein europäisches Rezept, würde ich mehr zu Zitrone neigen. Schuld an der babylonischen Sprachverwirrung ist der gemeinsame Wort-Ursprung im arabischen „limun".

Zitronige Kräuter

Koriander: Heimat ist der Vordere Orient, hierzulande bekannt aus der südamerikanischen und asiatischen Küche. Eine robuste Pflanze, die auch bei uns wächst. Beim Zerreiben der petersilienähnlichen Blättchen wird ein zitroniger Duft verströmt.

Zitronenmelisse: Minzeverwandt, stammt aus dem Vorderen Orient und ist aus der europäischen Küche nicht mehr wegzudenken. Das zitronenartige Aroma der Blätter ist besonders in Nachspeisen und Cocktails beliebt.

Zitronenthymian: Schwester vom Garten- und Feldthymian, riecht und schmeckt aber zitroniger als diese. Sehr beliebt in Fischgerichten und zum Würzen von Salat- oder Gemüsegerichten.

Zitronengras: Harte Stängel, die beim Mitkochen in einem Gericht ein zitroniges Aroma abgeben. Nicht unbedingt mitessen. Es gibt auch pulverisiertes Zitronengras.

Essbare Gesundheit

Die Zitrone wird als *der* Vitamin-C-Lieferant schlechthin genannt, mit 53 mg pro 100 g essbarem Fruchtfleisch. Bei Erkältung, Stress, Stimmungsschwankungen oder Müdigkeit – Vitamin-C ist der Alleshelfer. Auf Seite 25 finden Sie beschrieben, wie man mit Zitrone kuren kann und auch der Rezeptteil enthält einige erläuternde Gesundheitstipps.

Schönheit

Die Kraft der Zitrone auch bei äußerlicher Anwendung ist seit langem bekannt. Entweder bedienen Sie sich fertiger Kosmetikprodukte (Cremes, Peelings, Shampoos, Badeessenzen oder Haar- und Hautkuren), oder Sie verwenden ätherisches Zitronenöl, bei dessen Kauf Sie auf dem Flaschenetikett auf alle Eigenschaften hingewiesen werden, oder Sie benutzen frischen Zitronensaft in individueller Anwendung. Dazu ein paar Tipps:

Sauna: Reiben Sie während des Saunagangs mit einer halben Zitrone Arme und Beine ein. Hautschüppchen lösen sich schneller und besser, das Bindegewebe kräftigt sich durch die spezielle Zitronensäure, und Ihre Haut fühlt sich nach dem Duschen butterweich an.

Haare: Zitronensaft wirkt bei blondem oder hellem Haar aufhellend. Dazu den Saft von einer Zitrone in das nasse, gewaschene Haar geben und es in der Sonne trocknen lassen. Nicht zu oft praktizieren, denn das Haar kann dadurch auch austrocknen!

Zahnfleisch: Bei Blutungen des Zahnfleischs oder entzündungsanfälligem Zahnfleisch dieses mit etwas Zitronensaft einreiben. Jedoch nicht zu oft, denn die Zitronensäure kann den Zahnschmelz angreifen.

Wohltuendes Bad: Saft von einer Zitrone und 100 ml Olivenöl in das Badewasser geben. Die Haut wird geschmeidig, und die ätherischen Öle ziehen in die Nase. Ein- bis zweimal im Monat anwenden.

Gesichtsmaske: 50 g Naturjoghurt mit 1 Esslöffel Olivenöl und Saft von 1/2 Zitrone vermischen und in die Gesichtshaut einmasssieren. Hilft gegen unreine Haut und beschert einen frischen Teint. Anwendung ein- bis zweimal in der Woche.

Sonnenbrand: Olivenöl und Zitronensaft im Verhältnis 10:1 mischen und in eine dunkle Flasche abfüllen. Ein bewährtes italienische Hausmittel: Die Zitrone bringt Kühlung und baut den Schutzmantel der Haut auf, während das Olivenöl die Haut geschmeidig hält.

Arabische Genüsse

Die Zitrone ist in der arabischen Küche unabdingbar. Die Vorspeisen werden mit dem frischen Zitronenduft aromatisiert, die Petersilie wird in der berühmten Tabboule mit Zitrone geadelt – und was wäre ein gegrilltes Lamm ohne den Zitronensaft, der mit dem Fleisch eine innige Verbindung eingeht?

Info

Bei den Griechen bedeutete *kedros* „wohlriechendes Holz", und mit kedromêlon (Zedernapfel) bezeichneten sie die Zitrone. Die Römer latinisierten es zu *citrus*, womit die Botaniker alle Orangengewächse bezeichnen, zu denen auch die Zitrone gehört. Der griechische Ursprung spiegelt sich bei uns noch in der alten Bezeichnung Zedratbaum für die Pflanze wider.

Sauer oder lustig?

Eine Faustregel besagt: Je heller die Schale, desto saurer ist die Frucht, und je (sonnen)gelber, ein kräftiges Gelb, desto süßlicher ist die Zitrone – wenn man überhaupt von Süße sprechen kann.

Drinks & Cocktails

Pisco Sour

Der Kult-Drink aus Chile

Für 4 Gläser
Zucker für Gläser
Saft von 3 Zitronen
(etwa 60 ml)
3 TL Zucker
10 cl Pisco
5 Eiswürfel

1 Etwas Zucker auf einen Teller geben. Schnapsgläser mit dem Rand in Zitronensaft tauchen und anschließend in den Zucker .

2 Die Gläser kurz in den Kühlschrank stellen. Im Shaker 3 TL Zucker und 50 ml Zitronensaft verrühren. Pisco und Eiswürfel hinzufügen und kräftig durchschütteln.

3 Die Piscomischung in die gekühlten Gläser füllen und sofort servieren.

Zeit: 5 Minuten

Info Pisco, ein Traubenbranntwein und das Nationalgetränk Chiles, ist seit einigen Jahren auch in Europa bekannt. Daher ist es heute kein Problem mehr, ihn in verschiedenen Sorten bei uns zu bekommen.

Variation Eine anderes Rezept stammt aus Peru. Dabei kommt ein frisches Eiweiß zur Zitronen-Zucker-Mischung und wird kräftig aufgeschlagen, dann weiter wie oben.

Sorbet im Tee

Köstlich frisch

Für 1 Sektschale
1 Kugel Zitronensorbet
50 ml lauwarmer bis
kalter Pfefferminztee
2 frische Minzeblättchen
einige frische Zitronenzesten
nach Belieben:
Puderzucker

Die Sorbetkugel in eine Sektschale geben und mit so viel Pfefferminztee begießen, dass man etwa die Hälfte davon noch sieht. Mit Minzeblättchen und Zitronenzesten garnieren.

Zeit: 5 Minuten

Info Ein Sorbet kann zwischen Fisch- und Fleischgang eines opulenten Mahls serviert werden. Es eignet sich aber auch als kalorienarmes Dessert! Dann vielleicht nach Belieben mit Puderzucker bestäuben.

Sorbets gelten als appetitanregend, leicht und nicht belastend, die Geschmacksknospen neu stimulierend. Das Wort *scharbat* stammt aus dem Arabischen und bedeutet „Trank", in anderen Sprachen wurde daraus Sorbet, Sorbetto, Sorbeton.

Hot Toddy

Die schottische Antwort auf Grog

1 Die Zitrone waschen und mit Küchenpapier fest trockenreiben. Zwei dünne Schnitze abschneiden, in ein Glas geben, den Rest auspressen, darüber träufeln.
2 Nelken, Honig und Whisky in das Glas geben. Unter Umrühren das Wasser zugießen.
Zeit: 5 Minuten

Für 1 Whisky-/Punschglas
1/2 Zitrone
2 Gewürznelken
1 TL Honig
4 cl Whisky
150 ml heißes Wasser

Info

Das englische Wort *toddy* meint heißen Whisky, aromatisiert mit Gewürzen. Der Drink wird nicht nur zur Vorbeugung von Krankheiten oft und gerne getrunken, sondern gilt im Erkältungsfall als reine Medizin.

Hot Bull Shot

Wärmt auch bei minus 40 Grad

1 Die Zitrone heiß waschen, fest abreiben, zwei dünne Spalten abschneiden und in die Tasse legen. Wodka, Worcestershire und Tabasco auf die Zitronenscheiben träufeln. Restliche Zitrone auspressen und darüber geben.
2 Den Tasseninhalt mit heißer Consommé aufgießen, nach Belieben mit Salz und Pfeffer würzen und schlückchenweise genießen.
Zeit: 10 Minuten

Für 1 Tasse
2 cl Wodka
2 Spritzer Worcestershire Sauce
1 Spritzer Tabasco
1/2 Zitrone
150 ml heiße Consommé double
nach Belieben: Salz und Pfeffer

Info

Consommé double ist eine doppelte Kraftbrühe und wird mit der zweifachen Menge Fleisch zubereitet, wie eine normale Consommé.

Tipp

In der Barpalette ist ein kalter Bull Shot zu finden, dieser wird adäquat zu diesem Rezept hergestellt, allerdings mit kalter Consommé und mit zusätzlichen Eiswürfeln.

Mojito

Import aus Kuba

1 Den Rohrzucker mit etwas Sodawasser in einem Barbecher verrühren. Die Limette heiß waschen, mit Küchenpapier trockenreiben und in Viertel schneiden.

2 Die Limettenstücke in das Glas geben und unter Zugabe von etwas Sodawasser mit einem Holzstößel zerdrücken. Crushed Ice, Rum und restliches Sodawasser hinzufügen. Mit einem Barlöffel bzw. langstieligem Löffel umrühren. Den Minzezweig waschen und in das Glas stecken.

Zeit: 5 Minuten

Für 1 Glas
1 TL brauner Rohrzucker
150 ml Sodawasser
1 Limette
3 EL Crushed Ice
5 cl weißer Rum
1 frischer Minzezweige

Variante

Eine neue Variante für einen Mojito: den braunen Rohrzucker durch Puderzucker ersetzen.

Infos

In Kuba „kommt keiner um Rum rum", denn auf dieser größten Antilleninsel werden seit jeher leichte, trockene Rumsorten hergestellt. Die bekannteste ist der „Havanna Club", in Weiß, Gold oder Braun. Zwei Bar-Klassiker, die mittlerweile nicht mehr aus der internationalen Barpalette wegzudenken sind, sind der Mojito und der Daiquiri.

Auf Kuba gibt es eine Kleinstadt namens Daiquiri. Und wie so oft, wurde auch hier ein Getränk mehr aus Verlegenheit denn aus Experimentierfreudigkeit kreiert: Ein Mann namens Jennings Cox wollte überraschend angesagten amerikanischen Besuch nicht einfach mit purem Rum bewirten. So beschloss er kurzerhand, den kräftigen Rum mit frischem Limettensaft und etwas Zucker zu mildern. Gut gekühlt mit Eiswürfeln bot er diesen Drink an. Der Daiquiri war somit geboren. Vermutlich ist der Mojito eine Variante oder ein Nachkömmling, denn er hat dieselben Grundzutaten wie der Original-Daiquiri und wird nur zusätzlich mit Sodawasser aufgegossen bzw. „verwässert", damit der Alkohol gemildert wird.

Kalte Ente

Ein Bowlengruß aus Opas Zeiten

Für 6 bis 10 Gläser

1 Zitrone
5 bis 8 Eiswürfel
2 Flaschen lieblicher
Moselwein
1 Flasche halbtrockener
Sekt

1 Die Zitrone heiß waschen, mit Küchenpapier abreiben und die Schale ohne die weiße Innenhaut spiralförmig abschneiden.

2 Eiswürfel in ein Bowlengefäß geben, die Zitronengirlande darüberlegen und mit dem gut gekühlten Moselwein begießen. Etwa 20 Minuten ziehen lassen bzw. so lange, bis der Wein leicht zitronig schmeckt.

3 Die Zitronengirlande entfernen und die Bowle zum Servieren mit eiskaltem Sekt aufgießen.

Zeit: 20 Minuten

Info

Bis in die Sechzigerjahre hinein war diese Bowle ein Synonym für Gutbürgerlichkeit, zelebriert von den männlichen Haushaltsvorständen am Sonntag zum Frühschoppen, bei Familienanlässen oder zu Feiertagen. Für die Kinder war es etwas Besonderes, ein süßes Schlückchen davon abzubekommen.

Eine Zeit lang war diese im Prinzip puristische Bowle in Vergessenheit geraten, wahrscheinlich, weil kaum jemand mehr liebliche Weine trinken mochte. Ebenso wie die Feuerzangenbowle, die Waldmeisterbowle, der Grog oder der Pharisäer kehrt die „Kalte Ente" neuerdings als nostalgischer Botschafter zurück in unser wiedergefundenes Heimkonstrukt mit Hausmannskost und Getränken, die unsere Großeltern liebten.

Variante

Unser Weingeschmack hat sich im Vergleich zu früher drastisch verändert. Heute wird überwiegend trockener Wein getrunken, vereinzelt süßere Weine, so genannte Dessertweine, die jedoch nur gläschenweise und eisgekühlt zum Käse oder Dessert serviert werden.

Daher folgende Variante zur „Kalten Ente": Bereiten Sie die Bowle mit trockenem Chablis und Prosecco so zu, wie im obigen Rezept, vielleicht als „Limonen-Bowle". Dazu in einem Eiswürfelbehälter in jedes Fach ein Zitronenmelisseblättchen geben, mit Wasser auffüllen und gefrieren lassen. Jeder Gast bekommt in sein Bowlenglas einen Melisse-Eiswürfel.

Heißer Grog
mit Zitrone
Da kann der Regen peitschen, wie er will

1 Den Würfelzucker in einem Teeglas mit kochend heißem Wasser übergießen, auflösen und dabei gut umrühren.
2 Mit Rum und Zitronensaft aufgießen.
Zeit: 5 Minuten

Für 1 Grogglas
2 Stück Würfelzucker
150 ml kochendes Wasser
2 cl brauner Rum
Saft von ¼ Zitrone

Variante

In Norddeutschland Grog zu trinken gleicht einer Zeremonie: Es gibt spezielle Groggläser mit Glasstäben zum Umrühren. Würfelzucker und Rum sind Pflicht, Arrak, Weinbrand und Whisky bilden die Kür. Ein altes Sprichwort der Seeleute lautet: „Rum muss sein, Zucker kann sein, und Wasser muss nicht sein".

Info

Seit dem 18. Jahrhundert wurde an die Seeleute eine kostenlose Tagesration Rum ausgegeben, um damit die Arbeitsmoral und die Laune zu heben, die angesichts wochen- oder monatelangen Segelns auf den Weltmeeren ohne jeden Landgang überstrapaziert waren. Aber die anfangs großzügige Tagesration führte zum Gegenteil, die Seeleute waren ständig betrunken und randalierten.

Als die Herabsetzung der Alkoholmenge keine Besserung brachte, entschied Admiral Vernon, der bei den Seeleuten den Spitznamen „Old Grogram" hatte, dass der Rum mit Wasser gestreckt werden müsse. So war die einfache, kalte Version des Grogs geboren, die alsbald aus medizinischen Gründen mit Zitronensaft und Zucker angereichert wurde.

Eine gefürchtete Schiffskrankheit war damals nämlich der Skorbut oder Scharbut, eine Vitamin-C-Mangelkrankheit, die sehr häufig auftrat, wenn den Menschen vitamin-C-haltige Lebensmittel fehlten. Deshalb bekamen die Schiffsleute in ihr Rumgetränk Zitronensaft gemischt, um nicht diese gefürchtete Krankheit zu erleiden, die sich in dramatischem Gewichtsverlust, Zahnausfall, Muskelschwund, Blutungen und lähmender Müdigkeit äußerte.

Heiße Zitronenlimonade

Nicht nur gut gegen kalte Füße...

Für 2 Gläser à 250 ml

1 Zitrone

400 ml kochend heißes Wasser

2 EL Honig

(nach Belieben mehr)

1 Die Zitrone heiß waschen, mit Küchenpapier trockenreiben und die gelbe Schale ohne die weiße Innenhaut spiralförmig abschneiden.

2 Den Saft der Zitrone auspressen und durch ein Sieb in zwei Gläser verteilen. Die Zitronenschale in die Gläser geben, mit kochend heißem Wasser aufgießen und Honig zum Süßen einrühren.

Zeit: 10 Minuten

Eiskalte Zitronenlimonade

Kalte Dusche von innen

Für 2 Gläser à 250 ml

1 Zitrone

2 EL Honig

1/2 l eiskaltes Mineralwasser

Nach Belieben:

4 Eiswürfel

1 Die Zitrone heiß waschen, mit Küchenpapier abreiben und die Schale fein reiben. Das Fruchtfleisch auspressen und den Saft zusammen mit geriebener Schale sowie mit dem Honig verrühren. In zwei Gläser verteilen und 30 Minuten ruhen lassen.

2 Zum Servieren nach Belieben Eiswürfel in die Gläser geben und mit Mineralwasser aufgießen.

Zeit: 10 Minuten + 30 Minuten zum Durchziehen

Info

Dieses Powergetränk verleiht durch den hohen Vitamingehalt mehr Kraft und Elan als – wie oft fälschlicherweise angenommen – Kaffee oder Cola.

Gesundheitstipp

Wussten Sie, dass Vitamin C auch zur Entgiftung beiträgt? Besonders Menschen, die rauchen oder zu viel Alkohol trinken, wird dringend nahe gelegt, mindestens die doppelte Tagesration (also etwa 80 bis 120 mg) zu sich zu nehmen. In Apotheken gibt es die pulverisierte Form von Vitamin C, die Ascorbinsäure. Eine Messerspitze davon täglich ins Mineralwasser oder in den Saft – und der Körper wird es Ihnen langfristig danken.

Caipirinha
Brasiliens Nationalgetränk

Für 1 Tumbler (Glas)
1 Limette
1/2 bis 1 EL brauner Rohrzucker
(oder 2 cl Rohrzuckersirup)
5 bis 6 cl Cachaca
(Zuckerrohrschnaps)
Crushed Ice zum Auffüllen

1 Die Limette waschen, mit Küchenpapier trockenreiben und in grobe Stücke schneiden.

2 Limettenstücke mit Zucker im Tumbler mit einem Holzlöffel oder -stößel fest zerreiben bzw. die Limettenstücke ausdrücken.

3 Cachaca eingießen und mit Crushed Ice auffüllen. Sehr gut umrühren und sofort genießen.

Zeit: 5 Minuten

Varianten

Ein Caipirissima wird statt mit Zuckerrohrschnaps mit Bacardi Limón hergestellt, bei einer Caipirovka wird Wodka oder Wodka Citron verwendet.

Zitronenflip
Was wäre die Bar ohne Zitrone?

Für 1 Champagnerglas
5 Eiswürfel
Saft von 1/2 Zitrone
1 TL Zucker (oder Zuckersirup)
2 cl Gin
2 cl Dry Curacao Orange
4 cl Sahne
1 frisches Eigelb (Größe S)

Für die Garnitur:
frisch geriebene Muskatnuss

In einem Shaker alle Zutaten kräftig durchschütteln. Anschließend in das Glas gießen und mit Muskatnuss bestäuben.

Zeit: 5 Minuten

Info

Ein Flip ist die Variante des Egg Noggs, der immer (kalte oder warme) Milch und Ei enthalten muss. Im Gegensatz dazu ist der Flip ein Mixgetränk, das aus den Grundzutaten Eigelb, Alkohol und Zucker besteht.

Eine Seite für die
Gesundheit!

Erkältungs-Löffelkur
Wirkt immer

1 Den Schwarztee mit Orangen- und Zitronensaft sowie mit Honig und Rum in einer Kanne verrühren.
2 Zwei Tassen vorbereiten und das Heißgetränk löffelweise und langsam trinken.
Zeit: 10 Minuten

Tipp

Am besten nach diesem Getränk gleich ins Bett legen, schlafen und die Erkältung so auskurieren.

Für 2 Portionen
½ l heißer Schwarztee
Saft von 1 Orange
Saft von 1 Zitrone
1 EL Honig
2 cl Rum

Zitronenkur
Auch zur Prophylaxe gut

1 Die Knoblauchzehen schälen. Die Zitronen heiß waschen, mit Küchenpapier trockenreiben und in kleine Stückchen schneiden.
2 Knoblauch und Zitronenstücke mit 1 Liter Wasser zum Kochen aufstellen. Einmal aufwallen lassen und den Topf vom Herd nehmen.
3 Den Topfinhalt im Mixer fein pürieren und durch ein mit einem Tuch ausgelegtes Sieb passieren. In eine Flasche abfüllen und in den Kühlschrank stellen.
4 Nun drei Wochen täglich ein Schnapsglas vor oder nach der Hauptmahlzeit trinken. Eine Woche pausieren, und nochmals eine Drei-Wochen-Kur durchführen.

Für 3 Wochen
30 Knoblauchzehen
5 Zitronen
1 l Wasser

Info

Diese heilsame Kur kann einmal im Jahr durchgeführt werden, jedoch nicht öfter. Trotz des Knoblauchs verströmen Sie keinen entsprechenden Geruch. Die Kur wirkt gegen Verkalkung und deren Nebenerscheinungen, senkt die Blutfettwerte und hilft bei Paradontose.

Saucen, Dips und Eingemachtes

Limetten-Chutney

Souvenir aus dem Orient

Für 4 Portionen

5 Limetten
2 Zwiebeln
3 EL Pflanzenöl
$\frac{1}{8}$ l trockener Weißwein
100 g brauner Rohrzucker
$\frac{1}{4}$ TL gemahlener
schwarzer Pfeffer
1 kräftige Msp. gemahlener
Cayennepfeffer
1 TL getrockneter Oregano
$\frac{1}{2}$ TL Kreuzkümmelsamen
$\frac{1}{4}$ TL gemahlener Koriander

1 Limetten heiß waschen, mit Küchenpapier trockenreiben. Die Schalen ohne die weiße Innenhaut abschälen und fein hacken. Zwiebeln schälen und fein würfeln.

2 Zwei Limetten schälen und das Fruchtfleisch in kleine Würfel schneiden. In einem Topf das Pflanzenöl erhitzen und darin die Zwiebelwürfel 5 Minuten andünsten. (Die übrigen drei Limetten für ein Dessert oder den ausgepressten Saft für einen Cocktail verwenden, siehe Rezepte S. 89 bzw. S. 18 und 24.)

3 Weißwein, Rohrzucker, Limettenwürfel und gehackte Limettenschalen einrühren. Mit Pfeffer, Cayennepfeffer, Oregano, Kreuzkümmelsamen und Koriander würzen. Unter öfterem Rühren in etwa 20 Minuten dicklich einkochen lassen. Lauwarm oder kalt servieren.

Zeit: 40 Minuten

<u>Verwendung</u> Schmeckt hervorragend zu gegrilltem Fleisch, besonders Lamm- und Straußenfleisch. Auch zum Dippen mit Fladenbrot köstlich!

28

Salz-Zitronen

Marokkanische Spezialität

Für 1 Glas mit 1 l Inhalt

4 Zitronen
2 EL grobes Meersalz
1 EL schwarze Pfefferkörner
4 Lorbeerblätter
$\frac{1}{2}$ l Olivenöl

1 Die Zitronen heiß waschen und mit Küchenpapier trockentupfen. Je nach Größe in Viertel oder in Achtel schneiden und in eine Schüssel legen. Mit Meersalz bestreuen, mit Folie abdecken und für etwa acht Stunden oder über Nacht in den Kühlschrank stellen.

2 Die Zitronenstücke in ein Sieb geben, mit kaltem Wasser gründlich abbrausen, abtropfen lassen und zusammen mit Pfefferkörnern sowie mit Lorbeerblättern in ein Glas schichten. Mit Olivenöl aufgießen, bis alles gut bedeckt ist.

3 Das Glas gut verschließen und die Zitronen mindestens zwei bis drei Tage ruhen lassen.

Zeit: 10 Minuten + Ruhezeit: etwa 3 Tage

<u>Verwendung</u> Das aromatisierte Öl schmeckt hervorragend zu Salaten und Gemüse. Die Zitronenschnitze aromatisieren Schmorgerichte (siehe S. 62).

Zwiebel-Limetten-Sauce

Für karibische Gelüste

1 Die Zwiebel schälen, halbieren, in feinste Streifen schneiden und in eine Schüssel legen. Die Limetten auspressen und den Saft über die Zwiebelstreifen gießen.

2 Die Zwiebeln leicht salzen, mit Folie abdecken und für 30 Minuten in den Kühlschrank stellen.

3 Inzwischen die Chilischote putzen und entkernen, die Knoblauchzehen schälen. Beides in feine Würfel schneiden.

4 Die Zwiebelstreifen in einem Sieb abtropfen lassen und dabei den Saft auffangen. Das Pflanzenöl erhitzen und darin die Zwiebelstreifen mit Knoblauch- und Chiliwürfeln unter öfterem Rühren 15 Minuten dünsten.

5 Den Pfanneninhalt mit Salz und Pfeffer würzen und in einer Schüssel mit dem Limettensud vermengen. Zum Durchziehen für 30 Minuten in den Kühlschrank stellen.

Für 2 Portionen

1 große Zwiebel
2 Limetten
Salz
1 kleine rote Chilischote
4 Knoblauchzehen
2 EL Pflanzenöl
grob geschroteter
schwarzer Pfeffer

Zeit: 20 Minuten
+ Zeit zum Durchziehen: 60 Minuten

Verwendung

Diese herrlich erfrischende scharf-saure Sauce stammt von der Insel Haiti. Sie heißt dort „Ti Malice Sauce". Sie ist besonders beliebt zu gegrilltem Fleisch, schmeckt aber auch köstlich als Brotaufstrich.

Variation

Die Sauce schmeckt noch einen Tick besser, wenn Sie sie mit einem Schuss Rum würzen bzw. parfümieren.

Info

In der Karibik ist Zuckerrohr fast gleichbedeutend mit Rum, denn der wird daraus destilliert. Ein Sprichwort sagt: „Du kannst jeden Tag eine Stunde lang in der Sonne eine Cane (Zuckerrohrstange) kauen. Diese nimmt dir für Stunden den Hunger, aber fürs Leben die Zähne. Also lieber die Zähne behalten und Rum herstellen."

Eingelegte Oliven-Zitronen

Mediterrane Nascherei

Für 1 Glas
von etwa 500 ml
4 Knoblauchzehen
2 Zitronen
200 g schwarze Oliven
200 ml Olivenöl

1 Die Knoblauchzehen schälen und fein würfeln. Die Zitronen heiß waschen, mit Küchenpapier trockenreiben und in etwa $1/2$ cm dicke Scheiben schneiden.

2 Mit den Oliven beginnend, alle angegebenen Zutaten abwechselnd in das Glas schichten, wobei Zitronenscheiben den Abschluss bilden sollten.

3 Jede Schicht mit Olivenöl beträufeln. Das Glas erst verschließen, wenn auch die abschließenden Zitronenscheiben ganz mit Olivenöl bedeckt sind. Im Kühlschrank aufbewahren und vor der Verwendung mindestens 2 Tage durchziehen lassen.

Zeit: 10 Minuten + 2 Tage zum Durchziehen

Verwendung

Die eingelegten Zitronenscheiben und die Oliven kann man in Grilladen, wie z.B. im Bauchraum von ganzen Fischen, mitbraten oder auf fertig gegrillte Fleischstücke legen. Den Zitronensaft mit dem Messerrücken auf dem Fleisch ausdrücken.

Das Olivenöl wird vom Knoblauch, den Oliven und den Zitronen durch und durch aromatisiert. Dieses Zitronenöl eignet sich hervorragend zum Bepinseln von Fleisch und Fisch zum Grillen. Die Zitrone verleiht dem Gericht Frische, das Olivenöl macht das Gargut saftig und zart.

Variationen

Versuchen Sie dieses Rezept auch mal mit Limetten und grünen Oliven anstatt der Zitronen und schwarzer Oliven.

Sie können auch 10 ganze geschälte Knoblauchzehen und gelbe Schalengirlanden von einer großen Zitrone in einem Schraubdeckelglas mit Sonnenblumenöl aufgießen. Nach Belieben zusätzlich einen frischen Kräuterzweig, wie Rosmarin, Oregano oder Basilikum, mit hinein legen. Das Glas fest verschließen und in den Kühlschrank stellen. Nach etwa zwei Wochen Knoblauchzehen und Zitronengirlande (und den Kräuterzweig) entfernen und das Öl in eine Flasche abfüllen. Dieses aromatisierte Öl für Salate verwenden!

Selbst hergestelltes Zitronenöl ist – abgefüllt in eine hübsche Deko-Flasche – ein nettes Mitbringsel bzw. Geschenk für Kochfreunde. Es hält sich bei dunkler und kühler Lagerung etwa sechs Monate.

Hummus

Arabischer Sesamdip

Für 4 Portionen

3 Knoblauchzehen
1 kleine Dose gekochte
Kichererbsen
(ca. 250 g Abtropfgewicht)
200 g Sesampaste
(Tahina, erhältlich im
Reformhaus)
Saft von 2 Zitronen
50 ml Olivenöl
Salz

Für die Garnitur:
1 Zitrone
gemahlener Kreuzkümmel
gemahlener Paprika
(edelsüß oder rosenscharf,
je nach Geschmack)

1 Die Knoblauchzehen schälen und grob würfeln. Zusammen mit den Kichererbsen, der Sesampaste, dem Zitronensaft und dem Olivenöl in der Küchenmaschine fein pürieren. Mit Salz würzen.

2 Die Zitrone heiß waschen, trockenreiben, in dünne Scheiben schneiden und breitflächig auf einen großen Teller legen. Den Sesamdip darauf anrichten. Mit Kreuzkümmel und Paprika bestäuben.

Zeit: 15 Minuten

Verwendung

Zum Hummus Fladenbrot sowie schwarze und grüne Oliven servieren.

Variante

Falls Sie die Salz-Zitronen von Seite 28 im Kühlschrank stehen haben, ein paar feine Streifen davon schneiden und über den Hummus streuen. Er schmeckt dann noch arabisch-köstlicher.

Tipp

In den meisten Hummus-Rezepten wird angegeben, getrocknete Kichererbsen zu kaufen, diese dann 12 Stunden einzuweichen und knapp 1 Stunde zu kochen. Sie können je nach Lust und Zeit Ihre Kochvariante wählen. Zur meinem Vorschlag mit küchenfertigen Kichererbsen gibt es geschmacklich keinerlei Unterschied.

Auberginencreme

Mediterran würzig

1 Den Backofen auf 200 °C (Umluft 180 °C, Gas Stufe 3-4) vorheizen. Die Auberginen waschen, mit einer Gabel rundherum mehrmals einstechen, auf ein Backblech legen und für etwa 45 Minuten in den vorgeheizten Ofen schieben.
2 Inzwischen die Fleischtomaten mit kochendem Wasser überbrühen, häuten, entkernen und in kleine Würfel schneiden. Die Knoblauchzehen schälen und fein würfeln.
3 Die Zitrone auspressen. Die weich gegarten Auberginen aus dem Backofen nehmen, häuten und in grobe Stücke schneiden. Zusammen mit Knoblauch, Zitronensaft und Olivenöl im Küchenmixer pürieren.
4 Die Auberginenpaste mit Salz und Pfeffer würzen. Tomatenwürfel und Walnüsse unterrühren. Für die Garnitur die Petersilie waschen, von den Stängeln zupfen und klein schneiden. Mit Zitronensaft und Olivenöl vermischen.
5 Die Auberginencreme in vier Portionsschalen füllen und mit Zitronen-Petersilie überziehen.
Zeit: 1 Stunde

Für 4 Portionen
2 Auberginen (etwa 500 g)
2 Fleischtomaten
3 Knoblauchzehen
1 Zitrone
5 EL Olivenöl
Salz
Schwarzer Pfeffer
50 g gehackte Walnusskerne

Für die Garnitur:
½ Bund glatte Petersilie
Saft von 1 Zitrone
2 EL Olivenöl

Verwendung

Diese würzige Auberginencreme als Brotaufstrich verwenden oder mit Fladenbrot aus der Portionsschale dippen. Dazu passen gemischte Salate, gegrillte Gemüse und Oliven.

Info

Normalerweise muss man bei Auberginen aufpassen, dass sie beim Anbraten nicht zu viel Fett aufsaugen (man kippt oft unkontrolliert viel zu viel Olivenöl nach). Aus diesem Grund werden geschnittene Auberginenstücke vor dem Braten gerne kurz in Salzwasser gelegt, damit diese „Schwamm-Eigenschaft" durch das Salz weitgehend eingedämmt wird.

Bei obigem Rezept hat die Aubergine keine Gelegenheit, sich mit Fett vollzusaugen und recht kalorienträchtig zu werden. Mein Tipp: Bereiten Sie Auberginen sooft wie möglich im Backofen zu, am besten in Scheiben geschnitten, mit Salz und Pfeffer gewürzt und mit Zitronensaft beträufelt. Das Olivenöl erst kurz vor dem Servieren tropfenweise darüber gießen.

Limettengelee
mit Zitronengras und Ingwer
Quite British

Für 4 Gläser à 250 g

2 Stängel Zitronengras
1 kg Limetten
ca. 2 cm frische Ingwerwurzel
250 g Gelierzucker Extra

Außerdem:
4 Twist-off-Gläser à 250 ml

1 Das Zitronengras putzen, waschen und in kochendem Wasser blanchieren. Herausnehmen, kalt abspülen, die Enden abschneiden und die Stängel quer in dünne Scheibchen schneiden.

2 Limetten heiß waschen, zwei davon mit Küchenpapier trockenreiben und mit einem scharfen Messer so schälen, dass an der grün-gelblichen Schale keine weiße Innenhaut haftet. Die Schalen in 1 - 2 mm schmale Streifen schneiden.

3 Alle Limetten auspressen und den Saft durch ein Haarsieb gießen. Den Ingwer schälen und in vier bis acht längliche Scheiben schneiden.

4 500 ml Limettensaft mit 250 g Gelierzucker Extra in einem Topf vermischen. Unter ständigem Rühren aufkochen, erst dann Limettenstreifen, Ingwer und Zitronengras hinzufügen.

5 Alles unter weiterem Rühren 3 Minuten sprudelnd kochen lassen. Den Topf vom Herd ziehen und das Gelee in sorgfältig ausgewaschene Twist-off-Gläser füllen. Dabei darauf achten, dass Ingwer, Limettenstreifen und Zitronengras gleichmäßig auf die Gläser verteilt sind. Die Gläser fest verschließen, für eine Minute auf den Kopf stellen, anschließend an einem kühlen Ort aufbewahren.

Zeit: 30 Minuten

Tipp

Zitronengras und Ingwer sollten Sie nicht mitessen – man kann es zwar, aber sie sind eigentlich nur Würzmittel, und außerdem sehen sie im Glas so schön aus...

Variante

Melonen-Campari-Gelee (im Bild rechts): Dazu Wassermelonensaft aufkochen, durch ein Haarsieb passieren, einen Schuss Campari zugießen, die Flüssigkeit abmessen und mit der gleichen Menge Gelierzucker vermischen. Zum Kochen aufstellen, dabei ständig rühren und nach dem ersten Aufkochen 2 bis 3 Minuten sprudelnd weiterkochen lassen. Als Einlage eignen sich kleine Orangenschnitze mit Schale. Die Twist-off-Gläser vor dem Füllen mit Campari ausschwenken. Dies dient nicht nur der Geschmacksgebung, sondern ist eine zusätzliche alkoholische Sterilisierung.

Chilisauce mit Koriander
Thailändische Köstlichkeit

1 Chilischoten waschen, entkernen und in feine Streifen schneiden. Die Knoblauchzehen abziehen und fein würfeln.

2 In einer kleinen Schüssel Chili, Knoblauch, Fischsauce, Limettensaft und Sojasauce verrühren.

3 Koriander waschen, die Blätter von den Stängeln zupfen, fein hacken und unter die Sauce geben. Nach Belieben mit etwas Zucker abschmecken.

Zeit: 15 Minuten

Für 2 Portionen

4 frische rote Chilischoten
2 Knoblauchzehen
3 EL Fischsauce
2 EL Limettensaft
2 EL helle thailändische
Sojasauce
3 Stängel frischer Koriander

Nach Belieben:
1 Prise Zucker
(vorzugsweise
brauner Rohrzucker)

Verwendung

Diese Sauce schmeckt sowohl zu Fleisch als auch zu Fisch. In Thailand reicht man sie zu fast allen Gerichten: Egal, ob zu kleinen Frühlingsrollen, gedämpften Fischklößchen oder Wan-Tans – sie passt immer.

Tipps

Alle Zutaten sind in Asienläden, speziellen Thai-Shops oder in gut sortierten Lebensmittelabteilungen der Kaufhäuser erhältlich.

Fischsauce ist ein klassisches Würzmittel der asiatischen Küche. Es handelt sich dabei um eine helle, wässrige Sauce, die besonders zum Würzen von Suppen, Wokgerichten oder Frühlingsrollen benutzt wird.

Frischer Koriander ist für Zitrus-Liebhaber eine zusätzliche Duft-Offenbarung. Zerreiben Sie frische Korianderblättchen zwischen Ihren Fingern und riechen Sie daran – ein überwältigend fruchtig-zitroniges Aroma wird freigesetzt.

Info

In Thailand ist die „Naam Plaah Prik" die Königin unter den Saucen, denn Chili und Koriander bilden das Fundament dieser speziellen köstlich-asiatischen Küche.

36

Kalte Tomatensauce

Ketchup-Konkurrenz

1 Die Tomaten waschen, blanchieren, häuten und entkernen. Das Fruchtfleisch grob zerschneiden. Die Chilischote säubern, aufschlitzen und entkernen.
2 Tomaten, Chilischote, Limettensaft, Salz, Zucker und Obstessig im Küchenmixer mittelfein pürieren. Die gefüllten Oliven vierteln und unter die Sauce rühren. Mit Salz und Pfeffer würzen. Abdecken und mindestens 1 Stunde kühlen lassen.
Zeit: 15 Minuten + 1 Stunde Kühlzeit

Verwendung

Passt zu allem, wozu Sie sonst Ketchup verwenden würden – ich bin sicher, Sie werden dieser pfiffigen Sauce den Vorrang geben!

Für 4 Portionen

500 g Tomaten
1 frische rote Chilischote
Saft von 2 Limetten
Salz
1 TL brauner Zucker
1 Spritzer Obstessig
50 g grüne Oliven mit Paprikafüllung
grob geschroteter schwarzer Pfeffer

Würzige Bananensauce

Exotisch gut

1 Die Bananen schälen und mit einer Gabel in einer Schüssel fein zermusen. Mit Limettensaft und saurer Sahne cremig rühren.
2 Die Sauce mit Curry, Rohrzucker, Salz und Pfeffer würzen. Nach Belieben Mungo-Chutney unterrühren.
3 Die Sauce in vier Portionsschalen füllen und mit Kokosraspel bestreut servieren.
Zeit: 10 Minuten

Verwendung

Passt als Dip zu gebratenem oder gegrilltem Fisch und Fleisch oder schmeckt auch einfach nur so – zu Weißbrot zum Beispiel. Einfach mal ausprobieren!

Für 4 Portionen

2 reife Bananen
Saft von 1 Limette
200 g saure Sahne
¼ TL würziges Currypulver
1 Prise brauner Rohrzucker
Salz
schwarzer Pfeffer
50 g Kokosraspel

Nach Belieben:
1 EL Mungo-Chutney

Kokos-Koriander-Dip

Hot, exotic and spicy

1 Den Koriander waschen, von den Stängeln zupfen (dabei etwas für die Garnitur zurückbehalten) und fein hacken. In einer heißen Pfanne, in einem Topf oder in einem Wok unter ständigem Rühren die Currypaste 1 Minute anbraten.

2 Die Kokosmilch zugießen und bei mittlerer Hitze 5 bis 8 Minuten einkochen lassen. Die Kaffir-Limettenblätter waschen und einlegen.

3 Inzwischen die Chilischoten säubern und in der letzten Kochminute zum Ziehen in die Sauce geben.

4 Alles mit Limettensaft würzen und den gehackten Koriander einrühren. Zum Servieren in eine Schüssel füllen, mit Koriander garnieren und lauwarm genießen.

Zeit: 20 Minuten

Für 4 Portionen

1 Bund frischer Koriander
1 TL gelbe Currypaste
1 Dose ungesüßte Kokosmilch
(etwa 400 ml)
3 Kaffir-Limettenblätter
3 frische rote Chilischoten
Saft von 1/2 Limette

Verwendung

Zu Frühlingsrollen und gebackenen Wan-Tan ist der Kokos-Koriander-Dip ein idealer Begleiter.

Vegetarier lieben diesen Dip als Sauce über einer Portion Duftreis oder asiatischen Nudeln.

Streuen Sie zusätzlich ungesüßte Kokosrapsel und sehr fein geschnittene Limettenschalen über den Dip.

Tipps

Kokosmilch ist die Sahne Thailands. Sie mildert durch ihr süßes Aroma die Schärfe des Chilis. Sollten Sie also einmal zu viel Chili erwischt haben: einfach Kokosflocken kauen, Kokosmilch trinken oder frische Kokosnussstücke essen.

In Indien schwört man auf Joghurt, um die Schärfe des Chilis zu mildern: Dort trinkt man Lasse, einen eisgekühlten Joghurtdrink, wenn Zunge und Gaumen brennen...

Die Schärfe von Chili sitzt in den Samen und Scheidewänden als ätherisches Öl mit dem Wirkstoff Capsaicin. Dieses ist nicht wasserlöslich und kann nur durch Zucker gemildert werden.

Vorspeisen, Salate und Gemüse

Zitroniges
Eis-Gurkensüppchen
Erinnerung an Tunesien

Für 4 Portionen

1/4 TL Kreuzkümmelsamen
1 Salatgurke
2 Knoblauchzehen
300 ml Buttermilch
1 Prise gemahlenes Kurkuma
1 Prise Cayennepfeffer
Salz, schwarzer Pfeffer
1 große,
unbehandelte Zitrone

Für die Garnitur:
8 frische Minzeblättchen
(oder Zitronenmelisse)
Zitronenpfeffer

1 Den Kreuzkümmelsamen in einer heißen, ungefetteten Pfanne unter Schwenken rösten, bis er duftet; herausnehmen. Die Salatgurke schälen, längs halbieren und mit einem Löffel die Kerne herauskratzen.

2 Die Knoblauchzehen schälen und zusammen mit der Gurke etwas kleiner schneiden. Gurken, Knoblauch, Kreuzkümmelsamen und Buttermilch in einem Küchenmixer pürieren. Mit Kurkuma, Cayennepfeffer, Salz und Pfeffer würzen und für mindestens 1 Stunde in den Kühlschrank stellen.

3 Die Zitrone so schälen, dass auch die weiße Haut entfernt wird. Mit einem scharfen kleinen Messer die Filets zwischen den Segmenthäutchen herausschneiden und in den Kühlschrank stellen.

4 Für jede Portion eine Suppenschale auf einen tiefen Teller mit Eiswürfeln stellen. Die kalte Suppe einfüllen und mit Zitronenfilets sowie mit Minze- oder Melisseblättchen garnieren. Nach Belieben zusätzlich mit Zitronenpfeffer bestreuen.

Zeit: 20 Minuten

+ 1 bis 2 Stunden Kühlzeit

Info

Diese kalte Suppe ist nicht nur in Tunesien, sondern auch im gesamten Orient äußerst beliebt, nicht zuletzt, weil sie eine angenehme Frischedusche für Gaumen und Magen gewährt.

Variation

Buttermilch ist nur ein Vorschlag; eine beliebte Mischung bilden auch Joghurt und Buttermilch oder (Ziegen)Milch und Joghurt.

Vitamin-C-Salat
mit Knoblauchcroûtons

Bunt gemischter Fitness-Snack

1 Die Knoblauchzehen schälen und fein würfeln. Das Toastbrot entrinden und in 1 cm große Würfel schneiden. In einer Pfanne 4 EL Olivenöl erhitzen, den Knoblauch darin andünsten. Die Brotwürfel einstreuen, mit Salz und Pfeffer würzen und knusprig rösten; herausnehmen und auf einen Teller legen.

2 Die Baby-Ananas schälen, entstrunken und das Fruchtfleisch in kleine Ecken schneiden. Die Fleischtomaten kurz mit kochendem Wasser überbrühen, häuten, entkernen und in Streifen schneiden.

3 Das Kopfsalatherz entblättern, waschen und zu Nestern auf zwei Tellern anrichten. Die Salatgurke schälen, längs halbieren, entkernen und in dünne Scheiben schneiden.

4 Die Kresse aus dem Kästchen schneiden und waschen. Den Koriander waschen, von den Stängeln zupfen und fein hacken.

5 Die Limette heiß waschen, mit Küchenpapier trockenreiben und mit einem Zestenreißer feine Streifen abziehen. Dann die übrige Schale so abschneiden, dass auch die weiße Haut entfernt wird. Mit einem scharfen Messer die Filets zwischen den Segmenthäutchen herausschneiden.

6 Die vorbereiteten Salatzutaten hübsch auf den Salatnestern anrichten. Für das Dressing den Senf mit Eigelb cremig rühren und mit Hühnerbrühe sowie mit restlichem Olivenöl aufschlagen. Mit Salz und Pfeffer würzen und über den Salat träufeln. Die Knoblauchcroûtons darüber streuen.

Zeit: 30 Minuten

Für 2 Portionen

2 Knoblauchzehen
4 Scheiben Toastbrot
50 ml Olivenöl
Salz
schwarzer Pfeffer
1 saftige Baby-Ananas
2 Fleischtomaten
1 Kopfsalatherz
½ Salatgurke
1 Kästchen Kresse
2 Stängel Koriander
(oder Zitronenmelisse)
1 Limette
1 TL Dijon-Senf
1 Eigelb (Größe M)
5 EL kalte Hühnerbrühe

Variation

Unbedingt probieren: Mischen Sie Streifen von Paprikaschoten unter den Salat.

Gesundheitstipp

Vitamin C ist hitzeempfindlich! Deshalb wird das in Paprikaschoten reichlich vorhandene Vitamin C beim Erhitzen ziemlich schnell auf etwa ein Drittel reduziert. Packen Sie sich also für Ihren Bürosnack frische Paprikaschotenstreifen ein und zum Dippen Joghurt mit Zitronensaft. Ihre Kollegen, die den vermeintlichen Muntermacher Kaffee trinken, werden Sie nach dieser Mahlzeit um Ihren frisch gewonnen Elan beneiden!

Spaghetti mit Limone, Rucola und Parmesan

Typisch italienisch

Für 2 Portionen
250 g Spaghetti
Salz
½ Bund Rucola
1 Zitrone
200 g Sahne
frisch gemahlener
schwarzer Pfeffer
fein gehobelte
Parmesanspäne
grob geschroteter
Zitronenpfeffer

1 Die Spaghetti in reichlich kochendem Salzwasser bissfest garen. Inzwischen den Rucola putzen, waschen und je nach Belieben halbieren oder dritteln.

2 Die Zitrone heiß waschen, mit Küchenpapier trockenreiben und mit einem Zestenreißer feinste Streifen abziehen. Dann die übrige Schale so abschneiden, dass auch die weiße Haut entfernt wird. Mit einem scharfen Messer die Filets zwischen den Segmenthäutchen herausschneiden.

3 In einem kleinen Topf die Sahne zusammen mit den Zitronenschalen etwa 5 Minuten einkochen lassen; dabei mit Salz und Pfeffer würzen. Zuletzt die Zitronenfilets zum Ziehen in die Sauce einlegen.

4 Die Spaghetti in ein Sieb gießen, kurz abtropfen lassen und in einer Schüssel locker mit der Zitronensauce vermengen. Auf zwei Teller verteilen, mit Rucola und Parmesanspänen garnieren und mit Zitronenpfeffer bestreuen.

Zeit: 20 Minuten

Tipps

Sie können den Rucola und die Parmesanspäne auch schon in der Schüssel untermischen. Ich finde es jedoch schöner, wenn der Rucola nicht „gebadet" ist und frisch und knackig auf den Spaghetti liegt.

Parmesan am Stück kaufen und mit einem Sparschäler feine Späne abziehen. Wer einen Parmesanhobel hat, der tut sich leichter.

Variation

In 5 EL Olivenöl 2 fein gewürfelte Knoblauchzehen oder Frühlingszwiebeln andünsten. Diese mit ein paar EL Sherry oder Brühe beträufeln und die gekochten Spaghetti darin schwenken. Frischen Zitronensaft darüber träufeln, Zitronenpfeffer und fein geriebene Zitronenschale darüber streuen. Mit frischen Melisseblättchen garnieren und sofort genießen: Am besten mit Prosecco oder einem fruchtigen weißen Galestro als Begleitgetränk.

Schnitzelstreifen
mit Zitronen
Von der Hand in den Mund

Für 4 Portionen

2 Kalbsschnitzel
Salz
schwarzer Pfeffer
1 Ei (Größe M)
2 EL Milch
Mehl
Semmelbrösel
50 ml Pflanzenöl
1 EL Butter
1 Zitrone

Außerdem:
16 bis 20 Partysticker

1 Die Kalbsschnitzel mit einem Fleischklopfer leicht plattieren. Mit Salz und Pfeffer würzen und jedes Schnitzel quer in 1 bis 1,5 cm breite Streifen schneiden.

2 Das Ei mit Milch verquirlen. Die Schnitzelstreifen zuerst in Mehl wenden, dann in die Eimischung tauchen und in den Semmelbröseln panieren.

3 Das Pflanzenöl in einer Pfanne erhitzen und die Schnitzelstreifen einzeln in das heiße Öl legen. Auf jeder Seite scharf anbraten. Die Butter auf die Schnitzelstreifen geben und die Hitze reduzieren. Bei geringer Hitze in 5 bis 8 Minuten fertig braten.

4 Die Zitrone schälen, auch die weiße Haut entfernen. Die Frucht halbieren, dünne Scheibchen abschneiden und halbieren. Die Schnitzelstreifen auf Küchenpapier entfetten, je eine Zitronenscheibe darauf legen und mit einem Partysticker fixieren. Auf einer Servierplatte anrichten.

Zeit: 30 Minuten

Tipp

Bei einer Fete zum Bier servieren oder als Mitbringsel, z.B. zum Geburtstagsfest im Büro, mitnehmen.

Info

Der Pate für dieses Rezept ist natürlich das Wiener Schnitzel, der berühmte Klassiker, bei dem sich Österreicher und Italiener noch heute nicht einig sind, von wem es eigentlich stammt... Doch aufgepasst: Wenn Sie in Italien ein „Mailänder Schnitzel" (*scaloppina alla milanese*) bestellen, bekommen Sie ein „Wiener Schnitzel". Wenn Sie allerdings in Wien ein „Mailänder Schnitzel" bestellen, erhalten Sie ein gebratenes Kalbsschnitzel, das in einer Mischung aus Ei, Mehl, Semmelbröseln und Parmesan paniert wurde und auf Tomatenspaghetti serviert wird – und in Italien „piccata alla milanese" heißt... Es wird behauptet, dass Kaiserin Maria Theresia bei einem Aufenthalt in Mailand dieses spezielle Schnitzelgericht kennen gelernt und das Rezept mit nach Österreich gebracht hat.

Die unzertrennliche Kombination Wiener Schnitzel und Zitrone kommt mir persönlich sehr italienisch vor, denn in Ligurien wachsen die besten Zitronen, und von dort ist es nicht weit bis nach Mailand...

Lachstatar
mit Curry-Limetten-Sahne
Ein herrlicher Auftakt für ein Menü

1 Die Limette heiß waschen, mit Küchenpapier trockenreiben und mit einem Zestenreißer einige Streifen abziehen. Das Fruchtfleisch auspressen.

2 Das Lachsfilet sehr fein hacken und mit der Hälfte vom Limettensaft vermischen. Den Koriander waschen, Blättchen von den Stängeln zupfen und hacken. Zusammen mit Olivenöl, Salz und Pfeffer unter das Lachstatar mengen; in den Kühlschrank stellen.

2 Die Salatblätter waschen, trockenschwenken, in Streifen schneiden und auf dem Boden von zwei Glasschalen anrichten.

3 Das Olivenöl in einer Pfanne erhitzen und das Currypulver sowie den Zucker einrühren. Mit restlichem Limettensaft ablöschen, einmal aufschäumen lassen und die Pfanne vom Herd ziehen.

4 Die Currysauce mit Crème frâiche verrühren und mit Salz und Pfeffer würzen. Das Lachstatar auf den Salatstreifen anrichten und mit der Currysahne überziehen. Mit Limettenstreifen garnieren.

Zeit: 30 Minuten

Für 2 Portionen
1 Limette
200 g frisches Lachsfilet
ohne Haut
2 Stängel Koriander
2 EL Olivenöl
Salz, schwarzer Pfeffer
2 schöne große
Eisbergsalatblätter
5 EL Olivenöl
1 TL gemahlener Curry
1 kräftige Prise Zucker
2 EL Kräuter-Crème-frâiche

Info

In der professionellen Kochschule gibt es die 3-S-Regel für die Fischküche. Diese besagt, dass ein Fisch, der in der Küche zubereitet wird, nach folgendem Verfahren behandelt werden muss: Säubern, säuern und salzen. Man kann das Säuern natürlich durch Essig erreichen, bei manchen Fischen, die gekocht werden, wird das auch so gemacht. Der Normalfall jedoch ist, dass mit Zitronensaft gesäuert wird. Was der Koch damit erreichen will, ist nicht nur, dass er Fisch noch besser schmeckt, sondern das Fischfleisch zieht sich durch die Säuerung zusammen, es wird fester. Vor allem zartes Fischfilet fällt beim Braten oder bei der weiteren Zubereitung nicht in Fasern auseinander, sondern das gesäuerte Fleisch bindet sich besser aneinander.

Würde man das Fischfleisch zuerst salzen, dann würde das Salz durch den Zitronensaft eventuell abgespült werden. Zieht aber der Zitronensaft gut ein, so kann auch gut gesalzen werden.

Tabbouleh

Von meiner Freundin Sarah

Für 4 Portionen

*100 g geschroteter
Weizen (Bulgur)
1 Bund glatte Petersilie
2 frische Minzezweige
2 Fleischtomaten
1 kleine Salatgurke
2 große Zitronen
100 ml Olivenöl
Salz
frisch gemahlener
schwarzer Pfeffer
1 Prise gemahlene Nelken*

1 Den Weizen mit kaltem Wasser begießen und etwa 30 Minuten quellen lassen. Petersilie und Minze waschen, Blättchen von den Stielen zupfen und fein hacken.

2 Die Fleischtomaten blanchieren, häuten, entkernen und das Fruchtfleisch in kleine Würfel schneiden. Die Salatgurke schälen, längs aufschneiden, mit einem Löffel entkernen und passend zu den Tomaten schneiden.

3 Die Zitronen waschen, trockenreiben und die Schale von einer Zitrone fein abreiben. Von beiden Zitronen den Saft auspressen. Den Weizen in ein Sieb gießen, fest ausdrücken und in einer Schüssel mit Zitronensaft beträufeln; etwa 10 Minuten stehen lassen.

4 Den Weizen mit den vorbereiteten Zutaten sowie mit dem Olivenöl locker vermengen. Mit Salz, Pfeffer und einer Spur Nelken würzen. Den Salat am besten vor dem Servieren 15 Minuten ziehen lassen.

Zeit: 30 Minuten
+ Zeit zum Ziehen: 45 Minuten

Info

Im gesamten Orient ist dieser Salat beliebt, nur sprachlich regional anders benannt. Das hier beschriebene Rezept stammt aus Israel, dazu wird viel Fladenbrot gegessen.

Bei einer üppigen orientalischen Vorspeisenplatte ist dieser Salat ein unbedingtes Muss. Die Kombination von Olivenöl, Zitronensaft und Petersilie ist so erfrischend-köstlich, dass sie schon ohne die anderen Zutaten der reine Genuss ist ...

Lauwarmer
Spinatsalat mit Joghurt
und Krabben

Ein köstliches Frische-Trio

Für 2 Portionen

1 Zitrone
200 g gepulte
Eismeerkrabben
500 g frischer Blattspinat
Salz
2 Knoblauchzehen
5 EL Olivenöl
grob geschroteter
schwarzer Pfeffer
200 g Vollmilchjoghurt
1 Prise gemahlenes
Kurkuma

Für die Garnitur:
1 Zitrone, in halbierte
Scheiben geschnitten

1 Die Zitrone heiß waschen, mit Küchenpapier trockentupfen und mit einem Zestenreißer feine Streifen abziehen. Die halbe Frucht auspressen und den Saft mit den Eismeerkrabben vermischen. (Die andere Hälfte anderweitig verwenden.)

2 Den Blattspinat verlesen, waschen und in kochendem Salzwasser blanchieren. In ein Sieb gießen, kalt abspülen und gründlich abtropfen lassen.

3 Die Knoblauchzehen abziehen und fein würfeln. Das Olivenöl in einer Pfanne erhitzen und darin den Knoblauch zwei Minuten andünsten. Den Spinat hinzufügen und kurz schwenken. Mit Salz und Pfeffer würzen.

4 Die Pfanne vom Herd ziehen. Joghurt mit Kurkuma verrühren und zusammen mit den Eismeerkrabben unter den Spinat mischen. Auf Teller verteilen, Zitronenzesten darüber streuen und rundherum mit Zitronenscheiben garnieren.

Zeit: 30 Minuten

Gesundheitstipp

Angenommen, Sie genießen diesen wunderbaren Salat im Freien, und irgendein lästiges Insekt bzw. eine Mücke drangsaliert Ihre Beine und sticht auch zu: Einfach ein paar Scheiben von der Zitronengarnitur auf den Insektenstich legen, oder etwas Zitronensaft über den Stich träufeln. Das brennt zwar ein wenig – aber der Stich ist vom Juckreiz befreit, die Wunde ist desinfiziert, und das Insektengift wird neutralisiert.

Limetten-Reissalat
mit Mango

Schmeckt heiß und kalt

1 Die Würstchen pellen und ebenso wie den Räucherspeck in kleine Würfel schneiden. Die Zwiebel und die Knoblauchzehen schälen und fein würfeln.

2 Die Chilischote säubern, entkernen und ebenfalls klein würfeln. Den Speck in einem breiten Topf auslassen. Olivenöl dazugießen und unter Rühren Würstchen, Zwiebeln, Knoblauch und Chili einrühren.

3 Den Reis darüber streuen, alles mit Salz und Pfeffer würzen und zwei Minuten dünsten. Mit Geflügelbrühe ablöschen und nach dem ersten Aufkochen die Hitze reduzieren.

4 Die Limette waschen, vierteln und in die Brühe geben. Den Topf mit einem Deckel verschließen und den Reis in 18 bis 20 Minuten garen; dabei zwischendurch umrühren.

5 Die Mango schälen und das Fruchtfleisch in 0,5 bis 2 cm lange Stücke schneiden. Den fertigen Reistopf 5 Minuten ausdampfen lassen.

6 Die Limettenstücke aus dem Reis nehmen. Die Mangostücke und die Cashews unterheben. Nochmals abschmecken und den Salat auf vier Teller verteilen. Mit Limettenvierteln garnieren, deren Saft über den Salat geträufelt wird. Schmeckt herrlich erfrischend.

Zeit: 60 Minuten

Variation

Unter den Reissalat zusätzlich Garnelen, Ananas- und Papayastücke mischen.

Für 4 Portionen

100 g Chorizo (spanische scharfe Dauerwürstchen)
100 g Räucherspeck
1 Zwiebel
2 Knoblauchzehen
1 kleine rote Chilischote
2 EL Olivenöl
250 g Langkornreis
Salz, schwarzer Pfeffer
600 ml Geflügelbrühe
1 Limette
1 saftige Mango
50 g gehackte Cashewkerne

Für die Garnitur:
1 Limette,
in Viertel geschnitten

Seeteufel mit
Grapefruit-Limetten-Vinaigrette
Fruchtig-frisches Fischvergnügen

1 Das Fischfilet unter fließend kaltem Wasser waschen und mit Küchenpapier trockentupfen. Anschließend in feinste Scheibchen schneiden und diese breitflächig auf vier großen Tellern anrichten.

Für 4 Portionen
500 g küchenfertiges Seeteufelfilet
1 vollreife rosa Grapefruit
1 Limette
8 EL Olivenöl
Salz
grob geschroteter schwarzer Pfeffer
1/2 Granatapfel

2 Die Grapefruit schälen, aus dem Fruchtfleisch Filets herausschneiden und den Rest pressen. Die Limette waschen, mit Küchenpapier trockenreiben und halbieren. Eine Hälfte auspressen und die zweite mit Schale in dünne Spalten schneiden.

3 Olivenöl mit Limetten- und Grapefruitsaft, Salz und Pfeffer verschlagen. Teelöffelweise über die Fischscheibchen träufeln. Grapefruitfilets sowie Limettenspalten darauf verteilen, mit Granatapfelkernen garnieren.

Zeit: 20 Minuten

Info
Carpaccio von Seafood gibt es erst seit 1986, als Gilbert Le Coze in seinem Restaurant „Le Bernardin" in New York City erstmals Fischfilets hauchdünn aufschnitt und roh marinierte. Das im Jahre 1950 in Venedig von Guiseppe Cipriani kreierte Carpaccio von Rinderfilet stand natürlich dabei Pate.

Im eigentlichen Sinne ist der Fisch, wenn er so hauchdünn geschnitten wird, nach dem Beträufeln mit der fruchtig-zitronigen Vinaigrette gar nicht mehr roh. Sie brauchen also keine Scheu vor diesem deliziösen Carpaccio zu haben. Die Grundvoraussetzung: frischeste und allerbeste Fischqualität, muss allerdings gewährleistet sein!

Vitello tonnato

Klassiker aus Italien

Für 4 Portionen

Zum Kochen:
½ Bund Suppengemüse
1 Zitrone
700 g Kalbfleisch
(von der Nuss)
2 Lorbeerblätter
1 Flasche trockener
Weißwein
½ TL Salz

Für die Sauce:
1 Dose Thunfisch
im eigenen Sud
2 eingelegte Sardellen
2 EL zerdrückte Kapern
3 Eigelb
150 ml Olivenöl
Saft von ½ Zitrone
Salz
schwarzer Pfeffer

Für die Garnitur:
2 EL Kapern
2 Zitronen, in Scheiben
geschnitten

1 Das Suppengemüse waschen und in kleine Stücke schneiden. Die Zitrone heiß abwaschen und in Scheiben schneiden. Das Kalbfleisch unter fließend kaltem Wasser abwaschen und zusammen mit dem Gemüse, den Lorbeerblättern sowie den Zitronenscheiben in einen Topf legen.

2 Den Topfinhalt mit Weißwein begießen und mit so viel kaltem Wasser auffüllen, bis alles bedeckt ist. Den Topf abdecken, in den Kühlschrank stellen und das Fleisch darin für 24 Stunden marinieren lassen.

3 Den Topf auf den Herd stellen, den Sud mit Salz verrühren und das Fleisch nach dem ersten Aufkochen in etwa 1 Stunde gar ziehen lassen. Anschließend das Fleisch im Sud abkühlen lassen.

4 Inzwischen den Thunfisch abtropfen lassen. Die Sardellen abspülen, mit Küchenpapier abtupfen und etwas kleiner schneiden.

5 In einer Schüssel mit einem Pürierstab die Sardellen, die Kapern und den Thunfisch zusammen mit den Eigelben pürieren. Etwa 50 ml erkaltete passierte Brühe und das Olivenöl langsam unterschlagen. Die sämige Sauce mit Zitronensaft, Salz und Pfeffer würzen.

6 Das Kalbfleisch aus dem Sud nehmen, kurz abtropfen lassen und dann in feinste Scheiben schneiden. Auf vier Tellern breitflächig auslegen und die Sauce löffelweise darüber geben. Die Kapern darauf streuen und alles mit den Zitronenscheiben hübsch garnieren.

Zeit: 1 ½ Stunden
+ Marinierzeit: 24 Stunden

Tipp

Das Vitello tonnato schmeckt noch besser, wenn es vor dem Servieren zwei Stunden im Kühlschrank durchzieht.

Entrecôte
auf karamellisierten
Frühlingszwiebeln

Sie werden beim Essen die Augen schließen...

Für 2 Portionen

8 Frühlingszwiebeln

1 Möhre

2 EL Butter

1 EL Zucker

1 TL Balsamessig

200 ml Cidre (frz. Apfelwein)

1 EL Sherry

Salz

schwarzer Pfeffer

1 Zitrone

1 Eigelb

½ TL Dijon-Senf

100 ml Olivenöl

1 Spritzer Worcestersauce

2 EL Pflanzenöl

2 Entrecôtes à etwa 150 g

1 TL Kräuterbutter

getrockneter Estragon

1 Die Frühlingszwiebeln putzen und vierteln. Die Möhre schälen, längs vierteln und quer in Scheibchen schneiden. Die Butter in einem Topf schmelzen. Den Zucker einrieseln und unter Rühren karamellisieren lassen.

2 Den Topfinhalt mit Balsamessig ablöschen, die Frühlingszwiebeln sowie die Möhren zugeben. Mit Cidre und Sherry angießen, alles leicht salzen und pfeffern. Das Gemüse bei mittlerer Hitze langsam so lange garen, bis die Flüssigkeit verkocht ist.

3 Die Zitrone heiß waschen, trockenreiben und einen Großteil der Schale fein reiben. Dann die Frucht auspressen. Das Eigelb mit Senf verrühren und mit einem elektrischen Handrührgerät langsam das Olivenöl unterschlagen, bis eine cremige Konsistenz erreicht ist.

4 Die Mayonnaise mit Salz, Pfeffer, Worcester, geriebener Zitronenschale und der Hälfte vom Zitronensaft würzen. In einer Pfanne das Pflanzenöl erhitzen und die Steaks darin auf beiden Seiten scharf anbraten. Die Hitze reduzieren und die Steaks bei schwacher Hitze – je nach gewünschtem Garzustand – in 5 bis 8 Minuten fertig braten.

5 Die Steaks aus der Pfanne nehmen, auf ein Brett legen, mit Salz und Pfeffer würzen und kurz ruhen lassen. Die Kräuterbutter in den Bratsatz einschwenken und diesen mit restlichem Zitronensaft sowie mit einer Prise Estragon würzen.

6 Die karamellisierten Frühlingszwiebeln evtl. nochmals mit Salz und Pfeffer abschmecken und breitflächig auf zwei Tellern verteilen. Die Steaks in Streifen schneiden und auf dem Gemüse anrichten. Die Pfannensauce kurz und heftig unter die Mayonnaise schlagen und löffelweise über die beiden Teller geben. Mit ein wenig Estragon bestreut servieren.

Zeit: 30 Minuten

Tipp

Dazu passen ofenfrisches Baguette und ein gut gekühlter Chablis.

Kulinarische Klassiker
aus aller Welt

Huhn in Kokosmilch

Limettig und thailändisch

Für 4 Portionen

1 Limette
500 g Hähnchenbrustfilet
2 EL Fischsauce
1 Tüte Tom-Yam-Paste
(siehe Tipp)
400 ml Kokosmilch (Dose)
4 Stängel Zitronengras
2 cm frische Galgantwurzel
1 TL Palmzucker
4 Stängel Koriandergrün

1 Die Limette heiß waschen, mit Küchenpapier trockenreiben und mit einem Zestenreißer feinste Schalenstreifen abziehen. Das Fruchtfleisch auspressen.

2 Das Hähnchenfleisch in feine Streifen schneiden und in einer Schüssel mit Limettenstreifen und -saft sowie 1 EL Fischsauce vermengen.

2 Die Tom-Yam-Paste mit 1 Liter Wasser und Kokosmilch in einem Topf oder Wok verrühren und aufkochen lassen. Das Zitronengras putzen, halbieren und mit einem Fleischklopfer aufschlagen, sodass der Saft austreten kann.

3 Die Galgantwurzel schälen, längs vierteln und zusammen mit dem Zitronengras sowie den marinierten Fleischstreifen in den Topf geben und etwa 5 Minuten ziehen lassen.

4 Alles mit der restlichen Fischsauce und Palmzucker würzen. Den Koriander waschen, die Blättchen von den Stängeln zupfen und fein hacken. Vor dem Servieren die Geschmacksträger wie Zitronengras- und Galgantstücke aus dem Topf entfernen und den Koriander auf die Suppe streuen.

Zeit: 30 Minuten

Tipp

Im asiatischen Feinkostladen gibt es Tom-Yam-Paste in Tütchen. Diese fertige Gewürzmischung erspart viel Arbeit und das Besorgen verschiedenster Zutaten.

Variante

Falls Sie Tom-Yam-Paste nicht bekommen: Zwei frische grüne Chilischoten und 2 cm frische Ingwerwurzel fein würfeln. Zusammen mit 1 EL getrocknetem Laos-Pulver (getrockneter Galgant, erhältlich in Asienläden) und einer kräftigen Prise schwarzem Pfeffer vermischen. Mit Kokosmilch und Wasser verrühren, wie oben beschrieben.

Info

Zitronengras wächst in Florida, Afrika, Südamerika, Australien und in Asien. Das zitronenähnliche Aroma der fleischig-knolligen Enden wird überwiegend Currys zur Geschmacksabrundung beigegeben. Zitronengras ist ein reiner Geschmacksträger, der nicht mitgegessen wird. Der Verzehr ist zwar unschädlich – aber es wäre etwa so, als würde man Lorbeerblätter mitessen.

Saftige Fisch-Schaschliks
Einfach (und) umwerfend

1 Das Fischfilet unter fließend kaltem Wasser waschen und mit Küchenpapier trockentupfen. In gleich große mundgerechte Stückchen schneiden und mit dem Limettensaft sowie der Sojasauce vermengen.
2 Zitronengras waschen und dritteln. Die Limettenblätter waschen. Den Backofen auf 200 ºC mit Grillstufe (Umluft 180 ºC, Gas Stufe 3-4) vorheizen, ein Backblech mit geölter Alufolie auslegen.
3 Die Fischstücke abwechselnd mit den Zitronengrastängeln und den Limettenblättern auf zwei große Spieße stecken. Rundherum mit schwarzem Pfeffer würzen und auf die Alufolie legen, Folie um die Schaschliks verschließen.
4 Im vorgeheizten Ofen in etwa 20 Minuten saftig schmoren.
Zeit: 30 Minuten

Tipp

Dazu passen Glasnudelsalat mit Chili-Dressing und Reis mit Erdnusssauce. Für die europäische Variante empfehle ich in Petersilie geschwenkte Butterkartoffeln und Kopfsalat.

Für 2 Portionen

400 g küchenfertiges Fischfilet (am besten festfleischig, z.B. Tilapia, Red Snapper, Thunfisch)
Saft von 1 Limette
3 EL Sojasauce
2 Stängel Zitronengras
12 Kaffir-Limettenblätter
schwarzer Pfeffer
Außerdem:
1 EL Pflanzenöl
Alufolie
2 große Spieße oder
4 Holz-Schaschlikspieße

Mediterrane Grillspieße
Fruchtig-gemüsig

1 Fischfilet unter fließend kaltem Wasser waschen, mit Küchenpapier trockentupfen und in gleich große mundgerechte Stücke schneiden. Eine Zitrone auspressen und die Fischstücke mit diesem Saft vermengen. Die zweite Zitrone heiß abwaschen und in Scheiben schneiden.
2 Die Cocktailtomaten und die Lorbeerblätter waschen. Fischstücke abwechselnd mit Tomaten, Lorbeerblättern und Zitronenscheiben auf die Spieße stecken. Rundherum mit Salz und Pfeffer würzen.
3 Die Fischspieße auf Alufolie oder am besten in Grillschalen legen. Rundherum üppig mit Olivenöl bepinseln. Auf den heißen Holzkohlengrill geben und während der Grillzeit von 10 bis 12 Minuten öfter wenden und dabei mit Olivenöl bepinseln.
4 Zitronenmelisse waschen, etwa die Hälfte davon in Streifen schneiden und mit der Mayonnaise verrühren. Salzen, pfeffern und zum Dippen in Saucenschälchen füllen. Die restlichen Blättchen als Garnitur für die Fischspieße verwenden.
Zeit: 30 Minuten

Für 2 Portionen

500 g festfleischiges Fischfilet (z.B. Blue Marlin, Schwertfisch)
2 Zitronen
8 Cocktailtomaten
8 Lorbeerblätter
Salz
schwarzer Pfeffer
50 ml Olivenöl
etwa 12 frische Zitronenmelisseblättchen
100 g Mayonnaise
Außerdem:
2 große Spieße oder
4 Holz-Schaschlikspieße
Alufolie oder Grillschalen

Lammkoteletts
mit Limettensauce
Den Süden auf dem Teller

Für 2 Portionen
500 g Kartoffeln
Salz, schwarzer Pfeffer
50 ml Olivenöl
250 g grüne Bohnen
2 Limetten
1 Schalotte
1 Knoblauchzehe
1 EL Butter
1 TL getrocknetes
Bohnenkraut
100 ml Geflügelbrühe
4 Lammkoteletts
5 cl Sherry

Für die Garnitur:
4 frische Zitronenmelisse-
blättchen

1 Den Backofen auf 200 °C (Umluft 180 °C, Gas Stufe 3-4) vorheizen. Die Kartoffeln waschen, schälen und in Viertel schneiden. In eine Auflaufform legen, mit Salz und Pfeffer würzen und mit der Hälfte des Olivenöls vermengen. Im vorgeheizten Ofen unter mehrmaligem Wenden in 30 bis 40 Minuten backen.

2 Bohnen putzen, waschen und in kochendem Salzwasser blanchieren. Herausnehmen, mit kaltem Wasser abschrecken und abtropfen lassen. Die Limetten heiß waschen und mit Küchenpapier trockenreiben. Mit einem Zestenreißer von einer Limette feinste Streifen abziehen und die Frucht auspressen. Die andere Limette in Scheiben schneiden.

3 Schalotte und Knoblauchzehe schälen und fein würfeln. Die Butter in einem breiten Topf heiß schäumend erhitzen und darin die Schalotten- und Knoblauchwürfel andünsten. Die Bohnen einlegen, mit Salz, Pfeffer und Bohnenkraut würzen und mit Geflügelbrühe aufgießen. Bei kleiner Hitze sanft schmurgeln lassen.

4 Restliches Olivenöl erhitzen und die Lammkoteletts darin auf beiden Seiten scharf anbraten, Hitze reduzieren und die Koteletts in 5 Minuten fertig braten.

5 Die Koteletts auf einen Teller legen und mit Salz und Pfeffer würzen. Den Bratensatz mit Sherry ablöschen, Limettenzesten und -saft einrühren. 2 bis 3 Minuten einkochen lassen. Den ausgetretenen Bratensaft der Koteletts vom Teller in die Pfanne gießen.

6 Kartoffeln und Bohnen auf zwei Tellern anrichten. Je zwei Koteletts dazugeben, diese mit der Sauce beträufeln, mit Limettenscheiben und Zitronenmelisseblättchen garnieren.
Zeit: 1 Stunde

Tipps

Je schärfer Sie die Koteletts anbraten, desto intensiver wird der Bratensaft. Jedoch reicht er nicht aus, um reichlich Sauce zu erhalten. Mein Rat: Entweder kochen Sie im Vorrat viel Sauce aus Lammparüren und -knochen, oder Sie verwenden zusätzlich fertige Lamm- oder Bratensauce aus dem Glas.

Außerdem können Sie den Bohnen mit einer Mischung aus 100 g Sahne, 50 g Mascarpone und etwas Zitronensaft zu einem herrlichem Zitrusbad verhelfen.

Himmlisches Huhn

Schon der Duft ist ein Genuss!

1 Die Hühnerkeulen in Ober- und Unterschenkel trennen, dabei die Haut abziehen. Die Kartoffeln waschen, schälen und halbieren.

2 Die Zitrone auspressen, die Limettenblätter waschen und in feinste Streifen schneiden. Die Tomaten kurz mit kochendem Wasser überbrühen, häuten, in Viertel schneiden und entkernen. Die Knoblauchzehen nur schälen.

3 Die Hühnerteile rundherum mit Salz und Pfeffer würzen. Zusammen mit den Tomatenvierteln sowie den Kartoffeln in einen breiten Topf legen. Limettenblätter, gewaschene Rosmarinzweige und Knoblauchzehen darüber verteilen und alles mit Zitronensaft und Olivenöl beträufeln. Den Topf mit einem Deckel verschließen und die Hühnerschenkel bei schwacher Hitze 50 Minuten schmoren lassen.

Zeit: 70 Minuten

Für 4 Portionen
4 Hühnerkeulen
(etwa 800 g)
8 kleine,
festkochende Kartoffeln
1 Zitrone
4 Kaffir-Limettenblätter
4 Fleischtomaten
6 Knoblauchzehen
Salz
grob geschroteter
schwarzer Pfeffer
2 frische Rosmarinzweige
5 EL Olivenöl

Tipp

Dieses Gericht ist kalorienarm, hat ein himmlisches Aroma und verträgt – wenn Sie das mögen – auch noch mehr Knoblauch, da dieser durch das Schmoren im Zitronensaft ganz mild wird. Und das freut eilige Köche: Wenn erst mal alles im Topf ist, bleibt Zeit für andere Dinge...

Infos

Kaffir-Limettenblätter gibt es frisch oder getrocknet in allen Asialäden. Sie wachsen auf dem gleichnamigen Baum, und zwar nur in Südostasien. Die Kaffir-Limetten, die grünen Früchte auf dem Baum, sind so groß wie Mandarinen, aber bei weitem nicht so beliebt wie die Blätter. Was für uns Europäer das Lorbeerblatt ist, ist für die Asiaten das Kaffir-Limettenblatt. Es schmurgelt in Currys und Eintöpfen mit, wird aber auch gerne Gemüse- und Fischgerichten zur Aromasteigerung beigelegt.

Aufbewahrungstipp: Sollten Kaffir-Limettenblätter übrig bleiben, so frieren Sie diese einfach ein.

Brasilianisches Roastbeef
mit Chili-Zitrus-Mayonnaise

Für heisse Tage und Nächte

1 Das Roastbeef vom Fett befreien, unter fließend kaltem Wasser waschen und mit Küchenpapier trockentupfen. Das Fleisch rundherum mehrmals mit einer Gabel einstechen und mit dem Saft von einer Limette einreiben.

2 Die zweite Limette heiß waschen, mit Küchenkrepp trockenreiben und die Schale fein abreiben. Knoblauchzehen schälen, durch eine Presse drücken, zusammen mit der abgeriebenen Limettenschale, den Gewürzen und 2 EL Olivenöl verrühren.

3 Den Backofen auf 200 °C (Umluft 180 °C, Gas Stufe 3-4) vorheizen. In einem Bräter restliches Olivenöl erhitzen. Das Roastbeef rundherum mit der Paste einreiben und im heißen Fett von allen Seiten scharf anbraten.

4 Den Bräter in den vorgeheizten Ofen schieben und das Fleisch unter mehrmaligem Wenden in etwa 40 Minuten braten. Kurz vor Ende der Garzeit die dritte Limette heiß waschen, mit Küchenpapier trockentupfen und mit einem Zestenreißer feinste Streifen abziehen.

5 Die beiden Orangen so schälen, dass auch die weiße Haut entfernt wird. Aus dem Fruchtfleisch Filets schneiden. Das fertige Roastbeef aus dem Ofen nehmen, in Alufolie wickeln und 10 Minuten ruhen lassen.

6 Das Roastbeef in dünne Scheiben schneiden, auf einer großen Servierplatte verteilen, mit Orangenfilets und Limettenstreifen belegen und mit entstandenem Bratensaft aus der Folie beträufeln. Zum Marinieren für zwei Stunden in den Kühlschrank stellen.

Zeit: 70 Minuten + Kühlzeit: 2 Stunden

Chili-Zitrus-Mayonnaise

1 Mit einem elektrischen Handrührgerät auf höchster Stufe Eigelbe, Senf und Zucker cremig rühren.

2 Nach und nach teelöffelweise das Olivenöl unterschlagen, bis eine cremige Konsistenz erreicht ist.

3 Die Mayonnaise mit Salz, Pfeffer, Zitronenschale, Chilipulver und nach Belieben mit einem Hauch Tabasco würzen. Zum Roastbeef reichen.

Für 4 Portionen

1 kg Roastbeef am Stück
3 Limetten
5 Knoblauchzehen
1/2 TL Salz
1 kräftige Prise
schwarzer Pfeffer
1/4 TL gemahlener Zimt
1/4 TL gemahlener
Kreuzkümmel
8 EL Olivenöl
2 Orangen

Außerdem:
Alufolie

Für die Mayonnaise:

2 Eigelb (Größe M)
1/2 TL scharfer Senf
1 Prise Zucker
100 ml Olivenöl · Salz
schwarzer Pfeffer
fein abgeriebene Schale
von 1/2 Zitrone
1 kräftige Prise Chilipulver
Nach Belieben:
Tabascosauce

Geschmorte Poularden
mit eingelegten Zitronen
Köstliches aus Nordafrika

Für 4 Portionen

1 Poularde (etwa 1 kg)
Salz
schwarzer Pfeffer
Saft von ½ Zitrone
4 Knoblauchzehen
1 große Zwiebel
5 EL Olivenöl
½ TL gemahlener Zimt
¼ TL gemahlener Ingwer
¼ TL Safranfäden
¾ l Geflügelbrühe
500 g Kartoffeln
4 eingelegte Zitronen-
viertel (siehe Rezept S. 28)
je 4 Stängel glatte Petersilie
und Minze
100 g schwarze Oliven

1 Die Poularde in vier Stücke teilen, unter fließend kaltem Wasser waschen und mit Küchenpapier trockentupfen. Mit Salz, Pfeffer und Zitronensaft einreiben.

2 Den Backofen auf 200 °C (Umluft 180 °C, Gas Stufe 3-4) vorheizen. Die Knoblauchzehen und die Zwiebel schälen, die Zwiebel in Ringe schneiden, Knoblauch ganz lassen.

3 In einem Bräter 3 EL Olivenöl erhitzen und darin die Geflügelteile von allen Seiten scharf anbraten; herausnehmen. Restliches Olivenöl in den Bratensatz gießen und darin Zwiebelringe und Knoblauchzehen andünsten.

4 Den Bräterinhalt mit Salz, Pfeffer, Zimt, Ingwer und Safranfäden würzen. Die Poulardenteile in den Bräter zurücklegen, ein paarmal wälzen und alles mit Geflügelbrühe aufgießen. Nach dem ersten Aufkochen den Bräter mit einem Deckel verschließen und in den vorgeheizten Ofen stellen.

5 Inzwischen die Kartoffeln waschen, schälen, in Viertel schneiden und mit den Zitronenvierteln in den Bräter geben. Die Gesamtgarzeit beträgt 45 bis 50 Minuten.

6 Petersilie und Minze waschen, Blättchen von den Stängeln zupfen und alles fein hacken. Zusammen mit den Oliven kurz vor Ende der Garzeit in das Tagine (siehe Info) mischen und das Gericht noch etwa 5 Minuten im Ofen ohne Deckel auslüften lassen.

Zeit: 70 Minuten

Infos

Auf dem Foto ist eine lasierte feuerfeste Ton- bzw. Keramikform abgebildet, eine so genannte Tagine, die in etwa einer flachen Schüssel mit gewölbtem Deckel gleicht. Sie wird in Nordafrika, vornehmlich in Marokko, verwendet, um darin Fleisch und Gemüse sehr langsam im eigenen Saft zu garen. Alle Gerichte, die in diesem Topf geschmort werden, heißen dann ebenfalls Tagine.

Da Sie vermutlich keine Original-Tagine besitzen, können Sie als Ersatz einen Römertopf verwenden oder – wie oben beschrieben – einen Bräter. Doch Achtung: Ein Römertopf muss gut gewässert und immer in den *kalten* Ofen gestellt werden!

Als Poularde bezeichnet man ein gemästetes Junghuhn vor der Geschlechtsreife, das zwischen zehn und 20 Wochen alt ist. Das Gewicht darf 1200 g nicht übersteigen.

Kalbsschnitzel
mit Zitronenmelisse
Italienische Spezialität

Für 2 Portionen

2 dünne Kalbsschnitzel
à etwa 150 g
schwarzer Pfeffer
1 große Zitrone
5 EL Olivenöl
etwa 10 Zitronen-
melisseblättchen
Salz
2 EL Butter

1 Die Kalbsschnitzel mit einem Fleischklopfer eventuell noch flacher plattieren und quer halbieren. Auf beiden Seiten leicht pfeffern und auf einen Teller legen.

2 Die Zitrone heiß abwaschen, mit Küchenpapier trockenreiben und mit einem Zestenreißer feine Schalenstreifen abziehen. Mit Olivenöl verrühren und über die Kalbsschnitzel gießen. Alles mit Folie abdecken und die Schnitzel zum Marinieren für 30 Minuten in den Kühlschrank stellen.

3 Die Zitronenmelisseblättchen waschen und in Streifen schneiden. Eine beschichtete Pfanne erhitzen und einen Esslöffel Olivenölsud hineingießen. Die Schnitzel leicht salzen und auf beiden Seiten 5 bis 6 Minuten braten; herausnehmen und auf zwei Teller legen.

4 Die Butter in den Bratensatz gleiten lassen und den restlichen Olivenöl-Zitronen-Sud darauf gießen. Kurz aufkochen lassen, mit Salz und Pfeffer würzen und die Zitronenmelissestreifen einrühren. Die Schnitzel mit dem Pfannensud löffelweise überziehen.

Zeit: 20 Minuten
+ Marinierzeit: 30 Minuten

Tipp

Gedünsteter Knoblauchspinat, gemischte Gemüse oder frisches Weißbrot sind die passenden Begleiter zu diesen Schnitzeln.

Gesundheitstipp

In den Zitronen, im Fruchtfleisch sowie in den Schalen, ist eine pflanzliche Wirkstoffgruppe, die Cumarine, enthalten. Diese meist als Glykoside vorhandenen Stoffe wirken ähnlich wie das Vitamin K auf die Blutgerinnung. Außerdem unterstützen sie die Heilwirkung der Flavonoide auf die Blutgefäße, im speziellen auf die Venen. Und sie gelten als Prophylaxe gegen Blutgerinnsel und helfen sie abzubauen.

Zitronen-Medaillons vom Schwein

Griechische Wurzeln

1 Das Schweinefilet in dünne Medaillons schneiden. Die Möhre schälen, Lauch und Sellerie putzen. Die Gemüse in dünne bzw. streichholzgroße Streifen schneiden.

2 Die Petersilie waschen, Blättchen von den Stängeln zupfen und fein hacken. Die Zitrone heiß waschen, mit Küchenpapier trockentupfen und mit einem Zestenreißer feine Streifen abziehen. Das Fruchtfleisch auspressen.

3 Zwei Esslöffel Olivenöl in einer Pfanne erhitzen. Die Medaillons einlegen und auf jeder Seite zwei Minuten braten. Herausnehmen, auf einen vorgewärmten Teller legen, mit Salz und Pfeffer würzen und mit Alufolie abdecken.

4 Restliches Olivenöl in den Bratensatz gießen und darin die Gemüsestreifen etwa fünf Minuten unter Schwenken andünsten. Mit Weißwein, Zitronensaft und Sahne aufgießen. Kurz einkochen lassen, Petersilie sowie Zitronenzesten einrühren. Mit Salz und Pfeffer abschmecken und den ausgetretenen Bratensaft der Medaillons in die Sauce rühren.

5 Die Medaillons auf zwei vorgewärmten Tellern verteilen und rundherum mit Gemüsesauce anrichten. Die Zitronenscheiben auf die Medaillons legen.

Zeit: 30 Minuten

Für 2 Portionen

400 g Schweinefilet
1 kleine Möhre
1 Stange Lauch
1 Stange Staudensellerie
3 Stängel Petersilie
1 Zitrone
5 EL Olivenöl
Salz
schwarzer Pfeffer
100 ml trockener Weißwein
100 g Sahne

Außerdem:
½ Zitrone in dünnen Scheiben

Tipp

Es gibt in Griechenland ein Schweinegulasch mit Zitrone, das zu gleichen Teilen Schweinefleisch (Schulter), Lauch und Staudensellerie enthält. Gebunden wird das Ganze mit etwas Mehl, und kurz vor dem Servieren wird es mit einer Mischung aus halb Ei und halb Zitronensaft abgezogen. Dieses Gericht schmeckt wirklich erfrischend, wenn die Temperaturen nach oben hin kaum Grenzen kennen...

Riesengarnelen
mit Zitronen-Limetten-Sauce

Kreolisch-köstlich

1 Die Riesengarnelen schälen (dabei die Schwanzschale dran lassen), am Rücken entlang einschneiden, entdarmen, waschen und mit Küchenpapier trockentupfen. Auf einen Teller legen und mit Salz und Pfeffer würzen.

2 Limette und Zitrone heiß waschen, mit Küchenpapier trockenreiben und mit einem Zestenreißer feine Streifen abziehen. Limette und Zitrone auspressen und jeweils die Hälfte des Saftes über die Riesengarnelen träufeln.

3 Den Honig in die heiße Geflügelbrühe rühren und darin auflösen. Mit dem restlichen Limetten- und Zitronensaft, Salz, Pfeffer, Tabasco, Worcester und Cayenne würzen. Limetten- und Zitronenstreifen einrühren, nochmals abschmecken und die Sauce auf zwei Portionsschalen verteilen.

4 Das Olivenöl in einer Pfanne erhitzen, je drei Riesengarnelen auf einen Spieß stecken, leicht mit Cayennepfeffer und Oregano würzen. In das heiße Fett legen und rundherum in 5 Minuten braten.

Zeit: 20 Minuten

Für 2 Portionen

6 Riesengarnelen
Salz
schwarzer Pfeffer
1 Limette
1 Zitrone
2 EL Honig
50 ml heiße Geflügelbrühe
2 Spritzer Tabasco
2 Spritzer Worcestersauce
1 Hauch Cayennepfeffer
2 EL Olivenöl
1 Prise getrocknetes Oregano

Außerdem:
2 Holz-Schaschlikspieße

Tipp

Gegrillt schmecken die Garnelen noch besser: entweder im Sommer auf dem Holzkohlengrill oder mit Olivenöl bepinselt im Backofen bei Grillstufe.

Variante

Den im Rezept beschriebenen Dip erweitern und 100 g frische Papaya oder Mango unterpürieren. Mit frisch gehacktem Koriander garnieren.

Info

Das Interessante an der kreolischen Küche ist die Kombination aus Schärfe, Süße und dem Süßsauer von Zitronen bzw. anderen Zitrusfrüchten. Dabei werden Bitterorangen-, Limetten-, Ananas-, Orangen- und Zitronensaft mit Ahornsirup und Honig zu pikanten Geschmacksvereinigungen geführt. Hinzu kommen Exoten wie Papaya, Mango und Kokosnüsse – und es entstehen köstliche Gerichte!

Zum Dessert
süßsaure Sinnlichkeit

Crostata di limone

Urlaubsgrüße aus Sizilien

**Für 1 Springform
von 28 cm Durchmesser**

Für den Mürbeteig:
200 g Mehl
100 g kalte Butterstückchen
100 g Zucker
2 Eigelb (Größe M)
*abgeriebene Schale von
1 unbehandelten Zitrone*
Salz

Für den Guss:
5 Eier (Größe M)
*Saft und abgeriebene Schale
von 2 unbehandelten Zitronen*
150 g Zucker
100 g kalte zerlassene Butter

Außerdem:
Butter und Mehl
5 EL Mandelblättchen
3 EL Puderzucker

1 Auf einer Arbeitsfläche aus Mehl, Butterstückchen, Zucker, Eigelben, Zitronenschale und einer Prise Salz einen Mürbeteig kneten. Zu einem Kloß formen, in Klarsichtfolie wickeln und für eine Stunde in den Kühlschrank stellen.

2 Inzwischen eine Springform mit Butter ausfetten und mit Mehl ausklopfen. Für den Guss die Eier mit der abgeriebenen Schale von zwei Zitronen, dem Saft einer halben Zitrone und dem Zucker verrühren. Langsam die kalte zerlassene Butter unterrühren. Zuletzt den übrigen Zitronensaft unterziehen.

3 Den Backofen auf 200 °C (Umluft 180 °C, Gas Stufe 3-4) vorheizen. Den Mürbeteig auf einer bemehlten Arbeitsfläche auswellen und die Springform bis zum Rand hoch damit auskleiden.

4 Den Mürbeteigboden mit Mandelblättchen belegen und diese andrücken. Den Guss nochmals durchrühren, vorsichtig löffelweise in die Form geben.

5 Die Oberfläche mit 2 EL Puderzucker bestäuben und den Kuchen im vorgeheizten Ofen in etwa 30 Minuten backen. Herausnehmen, abkühlen lassen. Zum Servieren mit dem restlichen Puderzucker bestäuben.

Zeit: 1 Stunde
+ Kühlzeit: 1 Stunde

Limettencreme
mit Erdbeeren

Frischedusche nach einem opulentem Mahl

1 Die Erdbeeren entstielen, waschen, je nach Größe halbieren oder vierteln. Den Weißwein mit 2 EL Zucker aufkochen und die Erdbeeren kurz darin schwenken, so dass sie vollständig mit der Flüssigkeit überzogen sind.

2 Gelatine in kaltem Wasser einweichen. Die Eigelbe mit 4 EL Zucker so lange aufschlagen, bis die Creme hell wird.

3 Die Limette heiß waschen, mit Küchenpapier trockenreiben und mit einem Zestenreißer feinste Streifen abziehen. Das Limettenfruchtfleisch auspressen.

4 Den Limettensaft mit Quark verrühren und unter die Eiercreme mischen. Die Gelatine tropfnass in einen Topf geben und so lange erwärmen, bis sie sich auflöst. Dann mit 3 EL Sahne verrühren und unter die Creme rühren.

5 Die Eiweiße zu steifem Schnee schlagen, die restliche Sahne ebenfalls steif schlagen; beides vorsichtig unter die Creme heben. In eine Glasschüssel füllen, mit Folie abdecken und im Kühlschrank mindestens vier Stunden kühlen.

6 Zum Servieren von der Limettencreme mit einem Esslöffel Nocken formen und diese auf vier Dessertteller geben. Die Erdbeeren rundherum anrichten und alles mit Limettenzesten garnieren.

Zeit: 30 Minuten
+ Kühlzeit: 4 Stunden

Für 4 Portionen
250 g Erdbeeren
50 ml trockener Weißwein
6 EL Zucker
5 Blatt weiße Gelatine
2 Eier, getrennt (Größe M)
1 Limette
250 g Magerquark
300 g Sahne

Tipp

Statt Erdbeeren lassen sich auch gemischte Beeren, Johannisbeeren oder Himbeeren verwenden. Man kann die Früchte auch mit einem Schuss Himbeergeist oder Kirschlikör pürieren und als Sauce zu den Nocken servieren.

Info

Die Saure Limette, (lat. *Citrus aurantiifolia*, englisch *lime*, französisch *limette acide*) ist in Europa kaum bekannt. Die sehr kleinen, birnenförmigen, grünen oder zitronengelben Strauchfrüchte stammen aus Südasien, sind aber gepflückt nicht transportfähig. Der Saft wird für Limonaden und für Zitronensäure verwendet.

Zitronella-Soufflé

Süßsaure Primadonna

1 Mehl mit Milch und 2 EL Zucker in einem kleinen Topf unter ständigem Rühren in etwa fünf Minuten dicklich einkochen. Den Topf beiseite ziehen und das Ganze abkühlen lassen.

2 Inzwischen die Zitronen heiß waschen und mit Küchenpapier trockenreiben. Von vier Zitronen Deckel von etwa 3 cm Dicke abschneiden. Mit einem scharfen kleinen Messer die Zitronen aushöhlen, und zwar so, dass sie vollständig vom Fruchtfleisch befreit sind. Die ausgehöhlten Zitronen mit Küchenpapier innen trocken reiben und mit 1 EL Zucker ausklopfen.

3 Von der fünften Zitrone mit einem Schalen- oder Zestenreißer hauchdünne Schalenstreifen abziehen und auf einen Teller legen. Diese Zitrone auspressen und den Saft durch ein Sieb gießen. Den Backofen auf 200 °C (Umluft 180 °C, Gas Stufe 3) vorheizen.

4 Die vier ausgehöhlten Zitronen unten plan schneiden, damit sie auf dem Backblech stehen können. Dann vier Stücke Alufolie mit Pflanzenöl bepinseln, jede Zitrone rundherum einwickeln, jedoch die ausgehöhlte Öffnung offen lassen. Die Zitronen auf das Backblech stellen.

5 Die Eier trennen. Das Eiweiß mit 1 EL Zucker steif schlagen. Die Eigelbe mit Zitronensaft und -schalen verrühren und mit der dicklichen Milchsauce vermischen. Das Eiweiß unterheben und alles löffelweise in die ausgehöhlten Zitronen füllen.

6 Das Backblech auf der untersten Schiene in den Ofen schieben und die Soufflés in 15 Minuten goldgelb backen. Herausnehmen, mit Puderzucker bestäuben und sofort servieren.

Zeit: 40 Minuten

Für 4 Portionen
2 EL Mehl
100 ml Milch
4 EL Zucker
5 große Zitronen
2 Eier (Größe M)

Zum Servieren:
1 TL Puderzucker

Außerdem:
Alufolie
1 TL Pflanzenöl

Tipps

Primadonnen haben den vorauseilenden Ruf, dass nicht sie warten, sondern die anderen. Bei den Soufflés ist es genauso: Nicht das Soufflé wartet, sondern die Gäste harren seines vollendeten Auftritts. Das „Aufplustern" hält leider nicht ewig.

Das den ausgehöhlten Zitronen entnommene Fruchtfleisch kann man auspressen und z. B. für eine heiße Zitronenlimonade (Rezept siehe S. 22) verwenden.

Variante

Sie sparen Zeit, wenn Sie ofenfeste Portionsförmchen statt der ausgehöhlten Zitronen benutzen.

Blechkuchen
mit Zitrusguss
Zergeht wunderbar auf der Zunge

Für 1 Backblech

300 g Mehl

1 Päckchen Backpulver

250 g Zucker

2 Zitronen

150 ml Mineralwasser

150 ml Pflanzenöl

4 Eier (Größe M)

120 g Puderzucker

Außerdem:

Backpapier

1 Den Backofen auf 180 °C (Umluft 160 °C, Gas Stufe 2-3) vorheizen. Das Mehl mit Backpulver und Zucker in einer Schüssel vermischen. Die Zitronen auspressen.

2 Mineralwasser, Pflanzenöl, zwei Drittel des Zitronensafts und die Eier mit der Mehlmischung verrühren.

3 Das Backblech mit Backpapier auslegen, den Teig darauf verteilen und in den vorgeheizten Ofen schieben. Den Kuchen in etwa 35 Minuten backen, dann herausnehmen und fünf Minuten auf dem Blech ruhen lassen.

4 Puderzucker mit dem restlichen Zitronensaft verrühren und den noch warmen Kuchen mit dem Zitronenguss bestreichen. Trocknen und abkühlen lassen, erst dann den Kuchen in Scheiben schneiden.

Zeit: 55 Minuten

Tipp

Das ist der absolut schnellste und leckerste Zitronenkuchen, den ich kenne.

Info

Es wird immer wieder als Tipp angegeben, dass man zur Verwendung von nur einigen Tropfen Zitronensaft die Frucht mit Zahnstochern einstechen soll, um etwas Saft herauszupressen. Grundsätzlich ist der Tipp brauchbar – wobei ich bei einem Rezept, egal welchem, immer die ganze Zitrone verwenden würde: Sei es, dass ich mir im Anschluss an das Essen eine heiße Zitrone bereite, meine Haare mit Zitronensaft wasche, meine Küche mit restlichem Zitronensaft, geträufelt auf Küchenpapier, nachwische, den Luftbefeuchter mit ein paar Tropfen Zitronensaft beglücke oder mir einen Tom Collins extra wegen des restlichen Zitronensafts mixe... Was soll eine angepiekste Zitrone im Gemüsekorb? Austrocknen? Dann besser die Frucht halbieren und die Hälften ins Auto legen, z.B. um bei „Raucherautos" die Luft zu aromatisieren und zu reinigen.

Kühlschranktorte
aus Löffelbiskuits

Ohne Ofen ein leckerer Kuchen

1 Zwei der Löffelbiskuits beiseite legen und die restlichen in einer Schüssel zerkrümeln und mit der Butter verkneten. Eine Springform mit Backpapier auslegen und darauf die Krümelmasse glatt drücken.

2 Die Götterspeise mit 1 Tasse Wasser in einem kleinen Topf anrühren und nach Packungsvorschrift 10 Minuten quellen lassen. Dann unter Rühren erhitzen, auflösen und anschließend abkühlen lassen.

3 Die Zitrone auspressen und den Saft mit dem Frischkäse, dem Zucker sowie mit dem Vanillezucker verrühren.

4 Die Sahne steif schlagen und unter die Zitronencreme heben. Diese dann auf dem Biskuitboden verteilen und glatt streichen. Die Torte mit Folie abdecken und für mindestens vier Stunden, besser aber über Nacht, in den Kühlschrank stellen.

4 Vor dem Servieren der Kühlschranktorte die Kiwis schälen und in Scheiben schneiden. Die beiden zurückbehaltenen Löffelbiskuits zerkrümeln und die Physalis in Spalten schneiden. Den Kuchen aus der Form lösen, mit Krümeln bestreuen und mit Obst dekorieren.

Zeit: 35 Minuten
+ Kühlzeit: 4 Stunden

Für 1 Springform
von 28 cm Durchmesser
250 g Löffelbiskuits
150 g weiche Butter
1 Päckchen Götterspeise
mit Zitronengeschmack
1 Zitrone
200 g Frischkäse
100 g Zucker
2 Päckchen Vanillezucker
500 g Sahne

Für die Garnitur:
2 Kiwis
10 Physalis

Außerdem:
Backpapier

Variante

Das Rezept mit Limetten- oder Orangengeschmack variieren. So oder so: Gut gekühlt eine superleckere Kuchenversion – besonders für heiße Sommertage!

Gesundheitstipp

Mit dem Verzehr eines Stückes von diesem Kuchen geben Sie Ihrem Körper die benötigte Tagesration an Vitamin C. Sie helfen ihm dadurch, sich vor freien Radikalen zu schützen. Diese hoch aggressiven Teilchen entstehen z.B. unter dem Einfluss von Umweltgiften und können Ihre Zellen schädigen und den Alterungsprozess beschleunigen. Schützen Sie sich also vor den Radikalen, indem Sie einmal pro Tag etwas frischen Saft von einer Zitrone zu sich nehmen.

Zitronen-gugelhupf

Zum Tee ein Genuss

Zum Dessert süßsaure Sinnlichkeit

78

Für 1 große Gugelhupfform

1 unbehandelte Zitrone
250 g weiche Butter
250 g Zucker
5 Eier (Größe M)
250 g Mehl
1 Päckchen Backpulver
100 g klein gewürfeltes Zitronat

Außerdem:
Butter und Mehl
für die Form

Zum Servieren:
Puderzucker

1 Die Zitrone heiß waschen und mit Küchenpapier trockenreiben. Die Schale fein abreiben und das Fruchtfleisch auspressen. Backofen auf 200 °C (Umluft 180 °C, Gas Stufe 3-4) vorheizen. Eine Gugelhupfform mit Butter ausfetten und mit Mehl ausklopfen.

2 Mit einem elektrischen Handrührgerät Butter, Zucker und Eier cremig rühren. Mehl, Backpulver, Zitronenschale und -saft hinzufügen und einen glatten Rührteig fertigstellen. Zuletzt das Zitronat unterheben und den Teig mit einem Spatel in die Gugelhupfform füllen. Glatt streichen, die Form in den Ofen schieben und den Kuchen in 50 bis 55 Minuten backen.

3 Den fertigen Kuchen zehn Minuten in der Form ruhen lassen, stürzen und zum Servieren dick mit Puderzucker bestäuben.

Zeit: 60 Minuten

Info

Hat es Sie nicht auch schon interessiert, warum Zitronat grün und nicht gelb ist? Ganz einfach: Es ist eine andere Zitronensorte, von deren noch unreifer grüner Frucht Zitronat oder Sukkade gewonnen wird, und zwar die Zedrat-Zitrone (lat. *Citrus medica*, franz. *cedrat*, auf engl. *citron*), die über 3 kg schwer werden kann. Beheimatet sind diese Riesen-Zitronen auf Sizilien, in Griechenland und auf Korsika. Die Schalen sind besonders dick, das Fruchtfleisch ist nicht sehr saftig und deshalb nicht zum rohen Verzehr empfehlenswert. Zum Herstellen von Zitronat wird die dicke, höckrige und runzelige Schale verwendet, die in Zuckersirup getränkt wird. Früher gab es Zitronat noch am Stück, heutzutage wird es fast ausnahmslos in kleine Würfel geschnitten und abgepackt angeboten.

Limetten-Panna cotta
mit lauwarmen Pflaumen

Köstliche Kombination

Für 4 Portionen
2 Blatt weiße Gelatine
1 Limette
250 g Sahne
1 Päckchen Vanillezucker
100 g Zucker
200 g Pflaumen
100 ml Rotwein
1/2 Stange Zimt

Für die Garnitur:
frisch geriebene
Limettenschale

1 Gelatine in kaltem Wasser einweichen. Die Limette heiß waschen, mit Küchenpapier trockenreiben und die Schale mit einem Zestenreißer in feinsten Streifen abziehen. Die Hälfte des Fruchtfleischs auspressen.

2 Die Sahne mit Vanillezucker und 50 g Zucker aufkochen. Unter ständigem Rühren drei Minuten weiterkochen. Dann den Topf vom Herd ziehen, die Gelatine ausdrücken und in der Sahne auflösen. Die Hälfte der Limettenstreifen und den Saft einrühren.

3 Vier Portionsformen mit kaltem Wasser ausspülen und mit der Sahnecreme füllen. Zum Gelieren für mindestens vier Stunden in den Kühlschrank stellen.

4 Kurz vor dem Servieren die Pflaumen waschen und entsteinen. 50 g Zucker mit Rotwein und der halben Zimtstange aufkochen. Die Pflaumen einrühren und acht bis zehn Minuten darin ziehen lassen.

5 Die Cremes am Förmchenrand mit einem Messer lösen und auf vier Dessertteller stürzen. Rundherum löffelweise mit den lauwarmen Rotweinpflaumen garnieren.

Zeit: 20 Minuten
+ Kühlzeit: 4 Stunden

Info

Die Süße Zitrone im (lat. *Citrus limetta Risso*, engl. *sweet lime*) wird aus Asien und Mittelamerika importiert. Die grüngelben, großporigen, kugeligen, etwas kleiner als Zitronen waschsenden Früchte besitzen ein grünlichweißes Fleisch. Der süßsäuerliche, sehr würzige Geschmack läuft den üblichen Zitronen bei verschiedenen Zubereitungsformen oft den Rang ab.

Maultaschen
mit Limettenfüllung

Schmeckt auch mit Zitrone

1 Aus Mehl, Ei, Pflanzenöl und dem Wasser einen geschmeidigen Teig kneten. Zu einem Kloß formen, in Klarsichtfolie hüllen und für 30 Minuten kalt stellen.

2 Von der Milch 4 EL abnehmen. Die übrige Milch für die Füllung unter ständigem Rühren mit Zucker aufkochen. Das Stärkepulver mit der restlichen Milch anrühren, die Zuckermilch damit binden und auf diese Weise cremig rühren.

3 Die Creme mit Saft und abgeriebener Schale von der Limette aromatisieren und alles abkühlen lassen.

4 Den Nudelteig auf einer bemehlten Arbeitsfläche dünn auswellen und in Quadrate von 6 bis 8 cm Seitenlänge schneiden. Auf eine Hälfte jedes Teigstücks je 1 TL Limettencreme geben. Die Ränder mit verquirltem Eigelb bestreichen, die leeren Teighälften darüber klappen und fest verschließen.

5 Die Maultaschen einzeln in siedendes Salzwasser legen und vier bis fünf Minuten darin ziehen lassen.

6 Inzwischen die weitere Limette heiß abwaschen, mit Küchenpapier trockenreiben und mit einem Zestenreißer feinste Limettenstreifen abziehen.

7 Parallel dazu in einer großen Pfanne die Butter heiß schäumend erhitzen, den Zucker darin auflösen und die Limettenstreifen einstreuen. Die gegarten Maultaschen mit einem Schaumlöffel aus dem Kochwassser nehmen, direkt in das Limetten-Zuckerbad geben und darin schwenken. Auf vier Teller verteilen oder gleich ganz rustikal direkt aus der Pfanne essen.

Zeit: 50 Minuten
+ Kühlzeit: 30 Minuten

Für 4 Portionen

Für den Teig:
150 g Mehl
1 Ei (Größe M)
2 EL Pflanzenöl
3 - 4 EL lauwarmes Wasser

Für die Füllung:
1/4 l Milch
100 g Zucker
2 EL Stärkepulver
Saft und abgeriebene Schale
von 1 Limette

Zum Servieren:
1 Limette
50 g Butter
2 EL Zucker

Außerdem:
Mehl für die Arbeitsfläche
1 Eigelb (Größe L)
Salz

Tipps

Sie können statt Milch plus Stärkepulver fertiges Puddingpulver mit Zitronengeschmack verwenden. Dazu den kalten Pudding mit abgeriebener Limettenschale verfeinern, aber keinen Saft mehr unterrühren – die Masse könnte sonst zu flüssig werden.

Serviervorschlag: Die Maultaschen auf vorgewärmte Teller verteilen und mit Limetten-Zuckerbutter beträufeln. Die Tellerränder mit dünnen Limettenscheiben garnieren und alles mit Zitronenpfeffer bestreuen.

Für 1 Springform
von 26 cm Durchmesser

Für den Teig:
250 g Mehl
1 TL Kakaopulver
125 g kalte Butterstückchen
100 g Zucker
1 Ei

Für die Arbeitsfläche:
Mehl

Für die Füllung:
9 Blatt weiße Gelatine
200 ml Milch
150 g Zucker
1 Päckchen Vanillezucker
4 Eigelb (Größe S)
500 g Sahnequark
Saft und abgeriebene Schale
von 1 unbehandelten Zitrone
400 g Sahne
Nach Belieben:
1 EL Zitronenlikör
(siehe Info S. 88)

Für die Garnitur:
1/2 unbehandelte Zitrone
frische Zitronenmelisseblättchen

Außerdem:
Backpapier
250 g getrocknete
Hülsenfrüchte zum
Blindbacken (siehe Info)

Quarkkuchen
mit Zitronensahne

Sonntags so richtig schlemmen

1 Mehl, Kakaopulver, Butterstückchen, Zucker und das Ei auf einer Arbeitsfläche vermischen und zu einem Teig kneten. Zu einem Kloß formen, in Klarsichtfolie hüllen und für eine Stunde in den Kühlschrank legen.

2 Den Backofen auf 200 °C (Umluft 180 °C, Gas Stufe 3-4) vorheizen und eine Springform mit Backpapier auskleiden. Den Teigkloß auf einer bemehlten Arbeitsfläche mit den Händen platt drücken und die Springform damit auskleiden, dabei einen Rand von 2 cm Höhe stehen lassen.

3 Den Teigboden mehrmals mit einer Gabel einstechen, mit Backpapier belegen und mit Hülsenfrüchten beschweren. im vorgeheizten Ofen 20 Minuten backen. Herausnehmen, Hülsenfrüchte und Backpapier entfernen und den Kuchenboden auskühlen lassen.

4 Inzwischen die Gelatine in kaltem Wasser einweichen. Die Milch mit Zucker und Vanillezucker aufkochen. Den Topf vom Herd ziehen, die tropfnasse Gelatine einrühren und auflösen. Nach und nach die Eigelbe, den Sahnequark, Saft und abgeriebene Zitronenschale unter die Milch rühren.

5 Die Sahne steif schlagen, zwei Drittel davon unter die Quarkmasse heben und auf dem abgekühlten Kuchenboden verteilen. Die restliche geschlagene Sahne nach Belieben mit Zitronenlikör parfümieren und mit einem Tortenspatel gleichmäßig auf der Quarkmasse glatt streichen.

6 Mit einem Messer Kuchenstücke auf der Oberfläche vorzeichnen. Die Zitrone in schmale Spalten schneiden und einzeln zusammen mit Melisseblättchen auf jedes vorgezeichnete Tortenstück legen.

7 Den Kuchen für mindestens vier Stunden in den Kühlschrank stellen. Zum Servieren den Springformring entfernen und den Kuchen mit einem kalt abgespülten Messer in vorgezeichnete Stücke schneiden.

Zeit: 50 Minuten + Kühlzeit: 4 Stunden

Info

Blindbacken meint das Backen eines Teigbodens ohne Füllung. Damit der Boden beim Backen schön flach bleibt, wird er mit Papier oder Alufolie abgedeckt und während des Backens mit getrockneten Hülsenfrüchten beschwert.

Pfannkuchenrollen
mit Früchtequark
Darüber freuen sich auch die Kleinen

Für 4 Portionen

Für den Teig:
¼ l Buttermilch
2 Eier (Größe M)
50 g Zucker
150 g Mehl
2 EL flüssige Butter
1 Prise Salz
1 kleine Zitrone

Für den Quark:
250 g Sahnequark
50 g Sahne
1 Banane
1 Birne
½ Zitrone

nach Belieben:
1 bis 2 EL Zucker

Zum Backen:
50 g Butter

Zum Bestäuben:
Puderzucker

1 Aus Buttermilch, Eiern, Zucker, Mehl, Butter und einer Prise Salz einen glatten Teig rühren. Die Zitrone heiß abwaschen, mit Küchenpapier trockenreiben, die Schale fein abreiben und die Frucht auspressen. Die Hälfte des Safts in den Teig rühren.

2 Sahnequark mit Sahne verrühren. Banane schälen und in Scheiben schneiden. Die Birne schälen, vierteln, entkernen und in Scheibchen schneiden. Bananen- und Birnenscheiben mit dem restlichen Zitronensaft beträufeln und unter den Quark mischen. Nach Belieben mit Zucker süßen.

3 In einer kleinen Pfanne die Butter portionsweise erhitzen und darin nach und nach etwa acht kleine Pfannkuchen backen. Diese einzeln auf eine Arbeitsplatte legen, mit Früchtequark belegen und aufrollen. Alle gefüllten Rollen auf einer Servier- oder Kuchenplatte anrichten und mit geriebener Zitronenschale sowie mit Puderzucker üppig bestäuben.

Zeit: 40 Minuten

Variante

Große Pfannkuchen backen und mit gesüßter Schlagsahne, die mit kandierten Zitronenecken oder Zitronat vermischt ist, füllen. Diese Rollen im Kühlschrank etwas fester werden lassen und dann schräg in 1 bis 2 cm dicke Scheiben schneiden. Hübsch auf Tellern anrichten, eventuell zusammen mit Zitronensorbet oder Schokoladeneis.

Infos

In tropischen oder sehr heißen Ländern werden Limetten oder Zitronen geschält, püriert und mit Eiswasser vermischt als Durstlöscher getrunken.

In arabischen Ländern kommen beim Reiskochen mehrere Zitronenhälften mit in den Topf. Das Fruchtfleisch der gekochten Zitronen wird dann mitgegessen.

Gratinierte Himbeeren
mit Prosecco

Versteckt unter der Haube

1 Die frischen Himbeeren verlesen, waschen, trockentupfen und in einer Schüssel mit Zucker und Likör vermischen. Wenn Sie tiefgekühlte Himbeeren verwenden: Diese erst auftauen lassen, bevor sie mit Likör und Zucker vermischt werden.
2 Die Zitrone heiß abwaschen und mit Küchenpapier trockenreiben. Die Schale fein abreiben und die halbe Frucht auspressen, die andere Hälfte anderweitig verwenden.
3 Den Backofen auf 200 °C (Umluft 180 °C, Gas Stufe 3-4) vorheizen. Das Eiweiß zusammen mit Vanillezucker und Zitronenschale steif schlagen und bis zum Gebrauch in den Kühlschrank stellen.
4 Die Eigelbe mit Prosecco, Zitronensaft und Zucker in einer hitzebeständigen Schüssel verquirlen. In ein heißes Wasserbad stellen und so lange schlagen, bis eine luftige Creme entsteht.
5 Die Creme aus dem Wasserbad nehmen, kurz kalt schlagen und das Eiweiß unterheben. Die Himbeeren auf vier tiefe Teller verteilen, den Schaum löffelweise darüberziehen und alles mit Puderzucker bestäuben.
6 Jeweils zwei Teller auf ein Backblech stellen und im vorgeheizten Backofen bei Grillstufe in 6 bis 8 Minuten gratinieren. Sofort servieren.
Zeit: 30 Minuten

Für 4 Portionen

300 g frische Himbeeren
(oder TK-Ware)
1 TL Zucker
2 cl Crème de Cassis
(Johannisbeerlikör)
1 kleine Zitrone
3 Eier, getrennt (Größe M)
1 Päckchen Vanillezucker
150 ml Prosecco
2 EL Zucker
1 TL Puderzucker

Variante

Die gratinierten Himbeeren zusätzlich mit feinsten Zitronenzesten oder mit frisch geschnittenen Zitronenmelissestreifen garnieren.

Zitronengranita
mit Prosecco

Dazwischen, danach oder einfach so?

Für 4 Portionen
1 große
unbehandelte Zitrone
100 g Puderzucker
1 Flasche
gekühlter Prosecco

Zum Garnieren:
frische Zitronen-
melisseblättchen

1 Die Zitrone heiß abwaschen und mit Küchenpapier trockenreiben. Mit einem Zestenreißer feinste Streifen von der Schale ziehen. Die Zitrone halbieren und auspressen.

2 Den Zitronensaft mit Puderzucker glatt rühren und den Prosecco sowie die Hälfte der Zitronenzesten unterrühren. Die Flüssigkeit am besten in eine breitflächige Schale gießen und diese in den Gefrierschrank stellen.

3 Während der gesamten Gefrierzeit von etwa vier Stunden fünf- bis sechsmal die Schale herausnehmen. Jedesmal mit einem Löffel die gefrorenen Schichten vom Rand in Richtung Mitte abschaben.

4 Zum Servieren die Granita in Sektschalen schaben. Mit den restlichen Zitronenstreifen bestreuen und mit Zitronenmelisseblättchen garnieren.

Zeit: 10 Minuten
+ Gefrierzeit: 4 Stunden

Infos

Eine Granita ist ein zu groben Eiskristallen gefrorenes Dessert. Es kann aus Fruchtsirup, -saft oder -püree hergestellt werden. Besonders beliebt ist dieses „eiskalte Vergnügen" in Italien. Man erhält es dort in jeder Eisdiele oder an speziellen Granita-Ständen in verschiedenen Geschmacksrichtungen. Bei heißen Temperaturen wird sogar der geheiligte Espresso gesüßt zu einer Granita verarbeitet, um eine innere Kältedusche zu verabreichen.

Genießen Sie Ihre Prosecco-Granita zwischen Fisch- und Fleischgang eines opulenten Menüs zur Geschmacksharmonisierung oder als Abschluss eines schweren Menüs.

Kinder freuen sich übrigens immer wieder darüber, wenn sie bunte Granita vorgesetzt bekommen: Dazu Crushed-Ice (gibt es mittlerweile in fast jedem Getränkemarkt päckchenweise in der Eisbox) in Glasschalen füllen und mit Fruchsirup beträufeln: grün = Waldmeister, rosa = Himbeer, rot = Kirschen oder gemischte Beeren, orange = Multivitamin.

Tequila-Limetten-Creme mit Limoncino

Beschwipstes Dessert

Für 6 Portionen

200 g Sahnequark
100 g saure Sahne
3 Eier (Größe M)
100 g Puderzucker
3 cl Tequila
Saft und abgeriebene
Schale von 1/2 Limette
1 EL Puddingpulver
mit Zitronengeschmack

Außerdem:
4 ofenfeste
Portionsförmchen
Butter
Zucker

Für die Garnitur:
4 EL Limoncino
einige frische
Zitronenmelisseblättchen
Puderzucker

1 Den Backofen auf 200 °C (Umluft 180 °C, Gas Stufe 3-4) vorheizen, die vier Förmchen mit Butter ausstreichen und mit Zucker ausklopfen.

2 Die Eier trennen. In einer Schüssel Sahnequark, saure Sahne, Eigelbe, Puderzucker, Tequila sowie Limettenschale und -saft cremig rühren.

3 Das Eiweiß mit Puddingpulver aufschlagen und unter die Creme heben. Damit die Förmchen etwa zu drei Viertel füllen, diese auf ein Backblech stellen, in den vorgeheizten Ofen schieben und in 20 bis 25 Minuten backen.

4 Die Förmchen aus dem Ofen nehmen, die Cremes an den Rändern mit einem spitzen Messer lösen und jeweils auf einen Dessertteller stürzen. Die Törtchen rundherum mit Limoncino beträufeln und mit Zitronenmelisse garnieren. Alles mit Puderzucker bestäuben.

Zeit: 40 Minuten

Info Der Limoncino stammt aus Süditalien. Für diesen Likör werden ausschließlich sizilianische Zitronen verwendet, die im Geschmack exellent die Waage zwischen Süße und Saurem halten. Getrunken wird er eisgekühlt pur oder als Longdrink, z.B. mit Prosecco aufgefüllt.

Limoncino selbst gemacht: Schälen Sie 10 ungespritzte, gewaschene Zitronen (am besten aus Sizilien) hauchdünn zu Spiralen, aber ohne weiße Haut. Diese Zitronenspiralen legen Sie in ein breites Glasgefäß und gießen sie mit 1 Liter reinem Alkohol (95% Alkoholgehalt, aus der Apotheke) auf. Das Glas gut verschließen und die Schalen mit dem Alkohol 4 bis 6 Tage eine Liaison eingehen lassen. Dann verrühren Sie 1 kg Zucker mit 1 1/2 Liter lauwarmem Wasser und rühren dieses unter die alkoholisierten Zitronenschalen. Das Gefäß wieder verschließen und gut zwei Wochen ruhen lassen. Zuletzt den Limoncino durch einen mit Kaffeefiltertüten ausgelegten Trichter in Flaschen abfüllen.

Immer wieder überraschend: Wenn man die Schalen aus dem Alkohol nimmt, sind sie weich wie Papier und fast weiß. Die gelbe Farbe und vor allem das Aroma der Schalen sind vollständig auf den Likör übergegangen.

Warmer Obstsalat
mit Zitronensorbet & Zimtsahne

Traumhafte Kombination

1 Die Sahne mit Zimt und Puderzucker steif schlagen; bis zum Gebrauch in den Kühlschrank stellen.

2 Die Baby-Ananas längs mit dem Blattschopf aufschneiden, den Strunk entfernen und das Fruchtfleisch herauslösen. Die Hälfte davon klein würfeln, die andere Hälfte anderweitig verwenden.

3 Die Limette so schälen, dass auch die weiße Haut entfernet wird und aus dem Fruchtfleisch mit einem kleinen scharfen Messer Filets zwischen den Segmenthäutchen heraus schneiden. Den restlichen Saft mit den Händen aus den Limettenhälften pressen. Die Banane schälen und in Scheiben schneiden.

4 In einer Pfanne die Butter heiß schäumend erhitzen und darin den Zucker auflösen. Mit Limettensaft ablöschen, Fruchtstücke einlegen.

5 Den Obstsalat in die beiden ausgehöhlten Ananashälften füllen und mit Mandelstiften bestreuen. Je eine Kugel Zitronensorbet darauf setzen und mit Zimtsahne garnieren.

Für 2 Portionen

100 g Sahne
1 Prise Zimt
1 TL Puderzucker
1 Baby-Ananas
1 Limette
1 Banane
1 EL Butter
1 EL Zucker
1 EL Mandelstifte

Außerdem:
2 Kugeln Zitronensorbet

Zeit: 20 Minuten

Zitronensorbet selbst gemacht

Kochen Sie 200 ml Wasser mit 100 g Zucker auf. Dann den Saft von zwei Zitronen einrühren und fünf Minuten sprudelnd weiterkochen. In eine Schüssel gießen und für eine Stunde in das Tiefkühlfach stellen.

Ein Eiweiß (Größe L) mit 1 TL Puderzucker steif schlagen und unter das gefrorene Zitronen-Zuckerwasser mischen. Für zwei bis drei Stunden in das Gefrierfach stellen und dabei zwei- bis dreimal umrühren.

Hübsch sieht es aus, wenn das Sorbet nach der Fertigstellung mit dem Eiweiß in ausgehöhlte Zitronenhälften gefüllt wird. Unter die Sorbetmasse nach Belieben gehackte Zitronenmelisse mischen oder das Wasser mit grünem Tee ansetzen.

Register

Drinks & Cocktails

Caipirinha 24
Erkältungs-Löffelkur 25
Grog, heißer, mit Zitrone 21
Hot Bull Shot 17
Hot Toddy 17
Kalte Ente 20
Mojito 18
Pisco Sour 16
Sorbet im Tee 16
Zitronenflip 24
Zitronenlimonade, eiskalte 22
Zitronenlimonade, heiße 22

Saucen, Dips und Eingemachtes

Auberginencreme 33
Bananensauce, würzige 37
Chilisauce mit Koriander 36
Hummus 32
Kokos-Koriander-Dip 39
Limetten-Chutney 28
Limettengelee mit Zitronengras und Ingwer 34
Oliven-Zitronen, eingelegte 30
Salz-Zitronen 28
Tomatensauce, kalte 37
Zwiebel-Limetten-Sauce 29

Vorspeisen, Salate und Gemüse

Eis-Gurkensüppchen, zitroniges 42
Entrecôte auf karamellisierten Frühlingszwiebeln 55
Lachstatar mit Curry-Limetten-Sahne 47
Limetten-Reissalat mit Mango 51
Schnitzelstreifen mit Zitronen 46
Seeteufel mit Grapefruit-Limetten-Vinaigrette 52
Spaghetti mit Limone, Rucola und Parmesan 44
Spinatsalat, lauwarmer, mit Joghurt und Krabben 50
Tabbouleh 48
Vitamin-C-Salat mit Knoblauchcroûtons 43
Vitello tonnato 54

Kulinarische Klassiker aus aller Welt

Fisch-Schaschliks, saftige 59
Grillspieße, mediterrane 59
Huhn in Kokosmilch 58
Huhn, himmlisches 62
Kalbsschnitzel mit Zitronenmelisse 68
Lammkoteletts mit Limettensauce 60
Poularden, geschmorte, mit eingelegten Zitronen 64
Riesengarnelen mit Zitronen-Limetten-Sauce 69
Roastbeef, brasilianisches, mit
   Chili-Zitrus-Mayonnaise 63
Zitronen-Medaillons vom Schwein 67

Zum Dessert süßsaure Sinnlichkeit

Blechkuchen mit Zitrusguss 76
Crostata di limone 72
Himbeeren, gratinierte, mit Prosecco 85
Kühlschranktorte aus Löffelbiskuits 77
Limettencreme mit Erdbeeren 73
Limetten-Panna cotta 80
Maultaschen mit Limettenfüllung 81
Obstsalat, warmer, mit Zitronensorbet
   & Zimtsahne 89
Pfannkuchenrollen mit Früchtequark 84
Quarkkuchen mit Zitronensahne 82
Tequila-Limetten-Creme mit Limoncino 88
Zitronella-Soufflé 74
Zitronengranita mit Prosecco 86
Zitronengugelhupf 78

Die Autorin:
Rose Marie Donhauser absolvierte mehrere gastronomische Ausbildungen, unter anderem als Köchin im Hotel Hilton in München. Ideen und Anregungen holt sie sich auf zahlreichen (Gourmet-)Reisen und bei ihrer Arbeit als Restauranttesterin. Mit bisher mehr als 60 veröffentlichten Büchern zählt sie zu den erfolgreichsten deutschen Kochbuch-Autorinnen.

Anregungen und Hinweise sind jederzeit willkommen:
info@seehamer.de oder Postfach 61, D-83629 Weyarn
Besuchen Sie uns auch im Internet: www.seehamer.de

Bildnachweis
Umschlagfotos: Food Centrale, Hamburg (Vorderseite Mitte und rechts / Rückseite), StockFood, München (Vorderseite links)
Fotos im Innenteil: Food Centrale, Hamburg 4/5, 6 (Mitte und unten links), 7, 19, 26/27, 38, 40/41, 45, 49, 53, 56/57, 65, 68, 70/71, 91, PhotoAlto 90, StockFood, München 2/3, 6 (oben links), 8/9, 10, 11, 12, 13, 14/15, 23, 31, 35, 61, 75, 79, 83, 87, 94/95

Verwendete Abkürzungen im Buch:

EL	=	Esslöffel
TL	=	Teelöffel
l	=	Liter
ml	=	Milliliter
Msp.	=	Messerspitze
TK	=	Tiefkühlware
°C	=	Grad Celsius

© 2002 Seehamer Verlag GmbH, Weyarn
Alle Rechte vorbehalten
Redaktion, Gestaltung + Satz: Bine Cordes, Weyarn
Lektorat: Bücherwerkstatt Peter Bramböck, München-Riem
Lithografie: Fotolito Longo, Bolzano
Druck und Bindung: Officine Grafiche De Agostini, Novara
ISBN 3-934058-81-7